Comer See . Italien . **Lago di Como**

Die interessantesten Ziele am Comersee

Zwischenräume Verlag

Inhalt

Comer See . Lago di Como

Der Comer See, auch **Lario** genannt, gehört zu den schönsten Seen Europas. Vor allem die Symbiose aus alpiner Landschaft, mediterraner Pflanzenwelt und den sich hoch die Berge hinaufziehenden Siedlungen ist es, die den Lago di Como so unverwechselbar macht. Im Frühling gibt er sich kontrastreich: Während auf den Bergen Schneefelder schimmern, entzündet sich unten an den sonnenverwöhnten Ufern ein Feuerwerk aus Farben. Kamelien und Azaleen blühen in den Vorgärten der alten Villen um die Wette. Ausstellungen zu Ehren dieser farbenfrohen Pflanzen locken übrigens schon im Februar die ersten Besucher an den See. Gerade diese herrschaftlichen Villen üben auf viele die größte Anziehungskraft rings um den Lago di Como aus. Von klein und verwunschen bis elegant und bombastisch präsentieren sie sich als bauliche Augenweide. Viele brillieren dazu mit opulenten Parkanlagen voller Pflanzen aus aller Herren Länder.

Die Bergwelt hingegen verbirgt eine **seltene Flora**, die hier heimisch geworden ist und wie die Reisenden das milde Klima des südlichen Voralpenraums schätzt. Zweigeteilt zeigt sich das Landschaftsbild: Im Süden reichen die Berge bis ans Ufer, was der Bebauung natürliche Grenzen setzt. Schon allein die Uferstraße in den Fels zu schlagen, hat den Einheimischen hier im letzten Jahrhundert größte Anstrengungen abverlangt. Der Norden hingegen bietet durch seine weitläufigen Flächen mehr Entfaltungsmöglichkeiten; Landwirtschaft und Fischerei dominierten hier lange das Bild, bevor der Tourismus einzog.

Ganz im Süden des Comer Sees, an seinen Füßen, locken die Städte **Como** und **Lecco**: Shoppingtouren, Kulturevents und Sehenswürdigkeiten wie der Dom in Como führen die Beliebtheitsskala an. Wer sich für Kultur und Traditionen der alten Seidenstädte interessiert, findet hier auch ein großzügiges Museumsangebot. Weiter nördlich liegen an der Ostseite Mandello del Lario, die Geburtsstadt der berühmten Motorradmarke **Moto Guzzi**, an der Westseite der Kulturort Cernobbio und direkt daneben Laglio, die Wahlheimat des Hollywoodstars George Clooney. Das mondäne Zentrum bilden in mittlerer Höhe des Sees die Orte **Bellagio**, bekannte Persönlichkeiten geradezu magisch angezogen. Unter anderem verbrachte der weltberühmte **Komponist Franz Liszt** mit seiner Geliebten Marie Gräfin d'Agoult in Bellagio romantische drei Monate. Einige historische Persönlichkeiten von Weltruf stammen aus der Stadt Como. **Plinius der Jüngere und Plinius der Ältere** wurden beide in Como geboren.

Die Wiege von Alessandro Volta, dem Begründer der Elektrizitätslehre, stand ebenfalls in Como. Ihm ist im **Tempio Voltiano** ein eigenes Museum gewidmet. Cosima Wagner, die Gattin Friedrich Wagners, erblickte als uneheliche Tochter des Franz Liszt und seiner Ge-

liebten, der Gräfin d'Agoult, in Bellagio am Comer See das Licht der Welt. Noch heute zieht der Comer See Prominente aus der ganzen Welt in seinen Bann, wie beispielsweise Sylvester Stallone, Brad Pitt, Arnold Schwarzenegger, Madonna und andere, die gerne hier zu Gast sind. Viele Sehenswürdigkeiten in der Stadt Como sind Zeugen der Geschichte der Stadt und des Comer Sees. Insbesondere Sakralbauten wie der Dom von Como, die Kirchen San Fedele und Sant'Abbondio spiegeln in ihrer Architektur ganz deutlich die Einflüsse der jeweils herrschenden Machthaber wider, wobei Sant'Abbondio noch älter ist als der Dom der Stadt und in den Jahren 1022-1095 erbaut wurde.

Auch der gut erhaltene historische Stadtkern mit der antiken Stadtmauer tragen noch immer den Hauch der bewegten Geschichte Comos und des Comer Sees in sich. Die Geschichte von Como ist auf das Engste mit der Geschichte von ganz Europa verknüpft und kann als Beispiel für die Entwicklungen gelten, die sich in diesem Teil der Welt in den letzten Jahrhunderten abgespielt haben. Der See erwartet Sie.

Der **Comer See** liegt in der **Lombardei**

Die norditalienische Region Lombardei ist mit knapp 24 000 km² flächenmäßig zwar nur die viertgrößte Region Italiens, bei der Einwohnerzahl mit fast zehn Millionen aber an der Spitze und damit die dichtbesiedeltste Region des Landes. **Hauptstadt der Lombardei ist Mailand**. Die Region umfasst insgesamt **zwölf Provinzen** und grenzt im Norden an die Schweiz. Sie gilt als die bedeutendste Wirtschaftsregion Italiens und wird vor allem durch Banken und den Handel geprägt. Das verarbeitende Gewerbe spielt ebenfalls eine große Rolle, vor allem in der bedeutenden Industriemetropole Brescia. Aus diesem Grund liegt die Arbeitslosenquote der Lombardei gewöhnlich deutlich unter dem italienischen Durchschnitt. Landschaftlich zeichnet sich die Region durch eine enorme Vielfalt aus. Während sie im Norden bis an alpine Regionen heranreicht, trägt das Gebiet in der flachen Poebene den Beinamen „**Kornkammer Italiens**“: Weizen und Mais gedeihen hier besonders gut.

Bemerkenswert sind auch die vielen großen Seen der Lombardei wie der **Gardasee**, der **Lago Maggiore** oder eben der **Comer See**. Die Region rund um den Gardasee ist zudem ein äußerst bekanntes Weinanbaugebiet: Vor allem der Bardolino und der Valpolicella erfreuen sich in ganz Europa großer Beliebtheit. Die größten Städte der Region sind Mailand, Bergamo, Brescia, Monza und Pavia. Als wirtschaftlicher Motor des Landes spielen sie eine äußerst große Rolle. Dennoch ist die Lombardei auch reich an Sehenswürdigkeiten, Kunstschätzen und landschaftlichen Schönheiten. Vor allem die zahlreichen historischen Stadtkerne und imposanten Sakral- und Profanbauten ziehen Touristen aus der ganzen Welt an. Auch die Natur zeigt sich in der Lombardei von ihrer schönsten Seite. **Mehr als zwanzig regionale Naturparks und über achtzig kleinere Naturschutzgebiete** verbergen eine atemberaubende Landschaft mit vielfältiger Flora und Fauna. Auch zahlreiche Flüsse durchziehen die Region, wie der **Adda**, der **Lambro** und der **Orio**: Sie alle entspringen in der reizvollen Alpenregion der Lombardei. Bekannte Thermalbäder wie San Pellegrino oder Bormio, attraktive Skigebiete und natürlich die eleganten Einkaufsmeilen in der Modemetropole Mailand sind weitere Gründe, warum die Lombardei als Reiseziel immer beliebter wird. Großen Wert legen die

Menschen in der Lombardei auf **Tradition und Brauchtum.** So feiern sie zum Beispiel viele historische Feste zu Ehren der jeweiligen Schutzheiligen. Eindrucksvollstes Beispiel ist das Fest zu Ehren des Mailänder Schutzpatrons ‚Sant'Ambrogio', das auch die Menschen aus weiter entfernten Städten und Orten anlockt. Ein Ereignis von enormer gesellschaftlicher Bedeutung ist außerdem die alljährliche Eröffnung der Saison in der Mailänder Scala Anfang Dezember. Kulinarisch hat die Lombardei ebenfalls eine Menge zu bieten. Bekanntestes Gericht ist wohl das Mailänder Schnitzel, aber auch Risotto mit Safran oder die Eiersuppe aus Pavia sind echte Spezialitäten. Weltbekannt sind hiesige Käsesorten wie Gorgonzola oder Mascarpone.

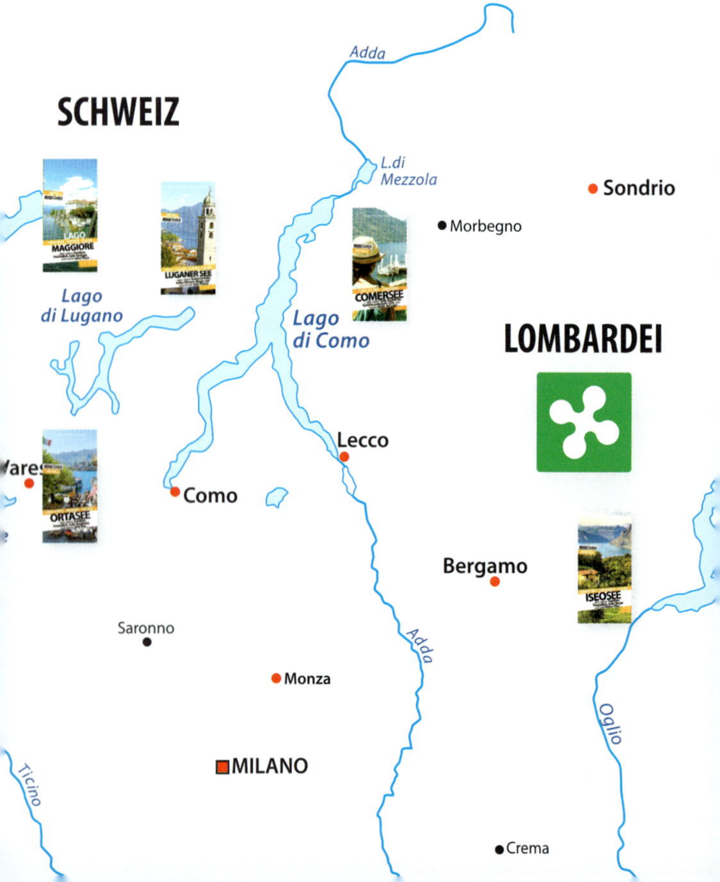

Anreise an den **Comer See**

Für die meisten Urlauber führt der Weg mit dem PKW durch Österreich und die Schweiz nach Italien. Der Lago di Como liegt sehr verkehrsgünstig an der **Auto-Magistrale**, die Nordeuropa mit Italien und dem Süden Frankreichs verbindet. Über Basel oder Bregenz ist die Autobahn Bellinzona-Mailand (A2/A13) das Ziel. Hat man Bellinzona passiert, empfehlen sich die Abfahrten bei Lugano (CH) und Chiasso/Como (CH/I). Befindet sich Ihr Reiseziel am nördlichen See bzw. in der Mitte, so wählen Sie die Ausfahrt ‚**LUGANO**' (Süd oder Nord, das ist egal). Liegt Ihr Ziel eher im Süden, also im Gebiet um Como/Lecco, dann verlassen Sie die A2 bei Como. Die Anfahrt über Lugano nach Menaggio ist zwar interessant, aber teilweise mühsam: schmale Straßen entlang des Luganer Seeufers/Porlezza führen am Freitag/Samstag zu nervenaufreibenden Wartezeiten. Mittlerweile wurde ein Umgehungstunnel in Betrieb genommen, der die Fahrzeit deutlich verkürzt, aber noch nicht von allen Navis angezeigt wird. Die Abzweigung (links, mit Ampel geregelt) befindet sich kurz nach der Grenze bei Gandria.

Die Schweizer Autobahnen dürfen nur mit **Autobahnvignette** benutzt werden. Sie muss gut sichtbar auf der Innenseite der Windschutzscheibe angebracht werden. Der Preis beträgt **38,50 €** (2022). Die Vignette gilt für die Zeit vom 1. Dezember des alten Jahres bis zum 31. Januar des Folgejahrs (also 14 Monate). Die Vignette ist an den Grenzübergängen, an Tankstellen der A7 sowie im Vorfeld bei allen Automobilclubs erhältlich. Es empfiehlt sich jedoch, schon vor Antritt der Reise die Vignette zu besorgen. Ebenso verhält es sich in Österreich, nur dass hier auch Zeitkarten angeboten werden. Die günstigste Lösung reicht für 10 Tage (9,60 EUR), für zwei Monate werden 28,20 EUR und für die Jahresvignette 93,80 EUR genommen; für Motorräder gelten entsprechend 5,60 EUR, 14,10 EUR und 37,20 EUR. Fahren auf Autobahnen ohne gültige Vignette können Kosten bis zu EUR 300 nachsichziehen.

TIPP | Wenn Ihnen längere Serpentinen-Fahrten nichts ausmachen, dann fahren Sie, auf der schweizerischen Autobahn A13 (St. Gallen-Bellinzona) kommend, doch den **Splügen-Pass** (Passo di Spluga)! Sie sparen Fahrzeit ein und erleben einen hoch interessanten Pass, der bis über die Baumgrenze hinausgeht. Diese Route ist besonders für Urlaubsziele im Norden des Sees geeignet, in den kühlen Monaten aber wegen Schnees oft gesperrt. Fahrzeuge mit Anhänger sind nicht zugelassen. Die Zeitersparnis beträgt etwa 30 min.

Per Flugzeug an den **Comer See**

Wen es aus dem Norden Deutschlands an die oberitalienischen Seen zieht, der wird statt der langen Autofahrt vielleicht das Flugzeug vorziehen. Einige Fluggesellschaften bieten inzwischen günstige **Flüge nach Mailand oder Bergamo**, darunter auch die Lufthansa. Von Mailand (Flughäfen Linate und Malpensa) ist es nicht einmal eine Fahrstunde bis an den Comer See; Bergamos Airport Orio al Serio liegt sogar noch günstiger! Obwohl es von allen drei Flughäfen Bus- und Zugverbindungen Richtung Comer See gibt, ist es am bequemsten, mit dem Mietwagen weiterzufahren, den man schon vor dem Flug von Deutschland aus buchen kann. Preise ab ca. EUR 30,00/Tag sind immer möglich (Fiat Panda). Wer mit dem Zug weiterreisen möchte, findet unter www.trenord.it Verbindungen im Stundentakt. Die Fahrt von Mailand dauert im günstigsten Fall 0.52 h, in der Regel 1.18 h (Umstieg in Saronno).

Aus allen Richtungen ist auch die Anfahrt per Bahn möglich. Günstige Verbindungen gibt es zum Beispiel mit dem Nachtzug von Hamburg nach Zürich und weiter mit dem Eurocity nach Como. Fahrkarten, die in Italien gekauft werden, müssen vor dem Einsteigen entwertet werden, sonst ist eine Strafgebühr fällig. Die dafür vorgesehenen gelben Apparate sind am Bahnsteig-Zugang angebracht. Teilweise sind Fahrkarten in Italien billiger, als wenn sie in Deutschland gekauft werden. Infos unter www.bahn.de, www.fsitaliane.it, www.sbb.ch, www.oebb.at. Am Hauptbahnhof von Como angekommen, geht es mit dem Taxi an die Nahziele, mit dem Tragflächenboot in die weitere gelegenen Ziele. Im Spätsommer 2021 wurden **Zugverbindungen aus Süddeutschland nach Lugano** für um die EUR 20 angeboten. Bahn fahren wird attraktiv!

Hotels sind für viele **die erste Wahl**!

Viele Online-Buchungsportale geben einen guten Überblick über die Hotels am Comer See. **Echtzeit-Verfügbarkeitsanfragen** machen die Buchung zum Kinderspiel. Doch oft ist es nützlich, genauer hinzuschauen: Einige Hotels räumen bei Direktbuchung über die hoteleigene Homepage einen Rabatt ein, da sie sich die Kosten für die Vermittlung spart. Auch die Hotelportale unterscheiden sich untereinander im Preis deutlich. Rufen Sie einfach Ihr Wunschhotel auf den aktuell vier großen Portalen auf und vergleichen die Preise bei www.booking.com, www.hotels.de, www.venere.de und www.hrs.de. Informieren Sie sich zudem auch auf den Webseiten der Hotels selbst über die Zimmer und deren Ausstattung. Zahlreiche Internetbucher (über die Portale) sind mit den Zimmern unzufrieden, da diese oftmals zur Straße hinaus liegen. Wählen Sie daher, wenn möglich, immer ein **Zimmer mit Seeblick**. ‚**Superiore**' steht dabei für gehobenere Ausstattung und mehr Platz. Tipps zu einzelnen Hotels finden Sie weiter hintern unter den einzelnen Orten.

Die besten Hotels am Comer See

1. **Hotel Meridiana**, Bellano: 2. **Filaro Hotels & Residences**, Lezzeno: Ein Blick vom Pool auf die andere Seite des Sees ist wunderschön, die Nähe zu Bellagio vorteilhaft. 3. **Hotel La Perla**, Tremezzo: Immer wieder mit den höchsten Bewertungen versehen. Ganz stark! 4. **Grand Hotel Tremezzo**, Tremezzo: Service und Gastfreundschaft phänomenal! 5. **Tullio Hotel**, Gravedona: Noch sehr neu und in bester Lage zum See. Besondere Urlaubsatmosphäre! 6. **Hotel Regina**, Gravedona: Eines der attraktivsten Häuser am See. In den Ferien fast immer ausgebucht. Bestlage in Gravedona. 7. **Hotel Helvetia**, Lezzeno: Sehr angenehmer Service.

Reizvolle Frühstückspensionen

Günstige Häuser mit meist liebevollem Service sind am Comer See zahlreich zu finden. Wer es liebt, sich morgens an den gedeckten Frühstückstisch zu setzen, ansonsten aber die Restaurants und Osterien der Region erkunden möchte, ist hier am richtigen Platz. **Achten Sie bei der Auswahl auf die Lage** mit einer guten Aussicht auf den See. Preise ab EUR 30,00 pro Person im DZ, zum Beispiel unter www.bed-and-breakfast-italien.com oder www.booking.com.

Die besten B&Bs am **Comer See**

1. **Al Castello**, Gravedona: Beste Bewertungen seit vielen Jahren; individuelle Zimmer, mitten im Ort. 2. **Il Bogno**, Lierna. Ein Hauch von Klassik. 3. **Villa La Rosa**, Bellagio: Großzügig in allen Belangen; Pool. 4. **Cherry en Rose**, Lezzeno: Viel Liebe fürs Detail; Seeblick und Pool. 5. **La Canarina**, Como: geschmackvoll eingerichtet.

Ferienwohnungen und **Ferienhäuser**
geben viel Raum **für Individualität**

Gewöhnlich sind italienische Ferienwohnungen sehr schlicht eingerichtet, doch dies ist inzwischen im Wandel, der Standard ist gestiegen. Reizende Ferienobjekte direkt am See, in leichter Hanglage oder in den Bergen geizen allesamt nicht mit wunderschönen Blicken. Zudem sind viele Unterkünfte sehr modern und mit viel Liebe zum Detail eingerichtet. Die Neubauten erfüllen alle technischen Standards und verfügen teilweise über Swimmingpools. Ab ca. EUR 200,00 pro Woche für einfache Ferienobjekte und astronomische Preise für die Sahnestücke unter den Fewos. Wer Häuser mit vielen Betten sucht, wird am Comer See ebenfalls fündig, für Lagen direkt am See sind in der HS ebenfalls gesalzene Preise zu bezahlen.

Die besten Ferienwohnungen/-häuser am **Comer See**

1. **Suite Juvara**, Como: Sehr geschmackvoll eingerichtet; bezahlbar! 2. **Apartment Rosa Dei Venti**, Gravedona: Super Aussichtslage oberhalb des Ortes. 3. **I Platani**, Lezzeno: Die Terrasse ist der absolute Hit. 4. **Royal Cadenabbia**, Griante: ohne Worte; nicht ganz billig! 5. **Grey House**, Cernobbio: Dort fühlt man sich sofort zuhause. 6. **Residence Ca Felicita**, Gravedona: Hier ist alles perfekt: Einrichtung, Ausblick und Pool. 7. **Ikhaya Como**, San Siro: Weitblick direkt aus dem Wohnzimmer. 8. **Il Giardino di Lory**, Vercana: Perfekte Lage mit Pool und Weitblick; schön eingerichtet. 9. **Borgo Le Terrazze**, Bellagio: Edel und wohl überlegt eingerichtet; beliebt bei Honeymoonern. 10. **Residence Primavera**, Bellano: Panoramablick zum günstigen Preis.

Campingplätze sind die **Stärke der Region.**

Im Norden des Lario befinden sich etwa neunzig Prozent aller Plätze. Meist liegen sie direkt am See, nur ein Fußweg trennt sie vom Ufer. Die Ausstattung ist so, wie zumeist in Italien: Wer nach Zitronen duftende Sanitäranlagen sucht, könnte enttäuscht werden. Trotzdem versuchen ambitionierte Plätze eine höhere Servicequalität zu erreichen. Die Preise sind im Vergleich zu anderen Orten in Italien leicht überdurchschnittlich, im Vergleich zum Rest Europas sehr hoch - ab ca. EUR 20,00 pro Stellplatz inkl. zwei Personen. Campingführer unter www.comersee-info.de.

Die besten Campingplätze am **Comer See**

1. **Camping Spaggia**, Abbadia Lariana: Sehr freundliches Personal mit Blick für den Gast. Wer mit Bus und Bahn anreist, erhält 3% Skonto; ökologischer Ansatz beim Warmwasser, etc. 2. **Camping Europa**, Domaso: Durch das Hotel gibt es einige optionale Zusatzleistungen. Gute Lage im Zentrum von Domaso und bei den Windsurfschulen. In der HS manchmal Veranstaltungen im Café (ursprünglich mal ein Youthhostel) nebenan. 3. **Camping Gardenia**, Domaso: Camping Gardenia ist schon seit Jahren in der Hand von Windsurfern. Unermüdlich frönen Sie ihrem Hobby. Im Sommer herrscht eine gelassene familiäre Stimmung am Platz. 4. **Camping Le Vele**, Domaso: Landschaftlich nicht ganz so schön wie andere Plätze, aber dafür geheizte Sanitäranlagen, die im Frühjahr und im Herbst sehr angenehm sein können. 5. **Camping Magic Lake**, Dongo: Sehr schöner Platz mit allem Service (WiFi, Warmwasser inkl., etc.) Einer der ersten Plätze, der eine Modernisierungswelle startete und so die in Italien üblichen hohen Campingpreise auch rechtfertigen konnte und kann. 6. **Camping La Riva**, Sorico: Nicht gerade billig, aber sehr schöner und gepflegter Platz mit viel Service. Im neuen Platzteil noch relativ wenig Schatten.

Immer gut **informiert**!

Unverzichtbar für einen gelungenen Urlaub ist gutes Kartenmaterial. Nicht in allen Details exakt, aber uneingeschränkt zu empfehlen ist hierbei die KOMPASS Wanderkarte Nr. 91 ‚Lago di Como' (7,95 €), ein wirklich verlässlicher Partner. Wer auch in den Bergen des Nordens unterwegs ist, benötigt allerdings eine detailliertere Karte. **Die beste für das Gebiet des Alto Lario** ist die in Italien herausgegebene Karte **‚Alto Lario occidentale‘** aus dem Hause Ingenia Editori. Die Karte (Maßstab 1:25 000) ist in den Tourismusbüros der Region erhältlich oder im Internet unter www.carto-guide.it und www.comersee-info.de zu bestellen. Ähnliche Karten gibt es für die Region um Menaggio, für das Gebiet von Menaggio bis Como und für die Ostseite des Sees, also von Lecco nach Colico.

Aus dem Verlag Kümmerly + Frey stammt die Karte **‚Lago di Como‘**, die jener von Kompass sehr ähnlich ist, aber über eine Kunststoffbeschichtung verfügt. Weitere Tipps zu Karten und anderen Materialien finden Sie unter der Internetadresse www.comersee-info.de, der Website zu diesem Reiseführer. Um sich ein wenig auf den Comer See einzustimmen, gibt es auch einige Romane, deren Handlung mit dem See verwoben ist. Ein entsprechender Suchbegriff bei Online-Buchhandlungen zeigt schnell die entsprechenden Ergebnisse an.

Informationen vor Ort

Rund um dem Comer See bieten Tourismus-Büros Informationen zu dem jeweiligen Urlaubsort und der näheren Umgebung. Achten Sie aber unbedingt auf die Öffnungszeiten: Die Büros sind grundsätzlich zwischen 12:30 und 15:30 Uhr geschlossen, maximal von 12:00 bis 16:00 Uhr. In der Vorsaison (Juni und September) muss mit weiteren Einschränkungen gerechnet werden, in der Nebensaison (Mai und Oktober) kann es schon einmal schwierig werden.

Die folgenden **Infozentralen** jedoch haben ganzjährig geöffnet: Ufficio Informazioni e Accoglienza Turistica - Como. Piazza Cavour, 17.Tel. 031 269712 - Fax 031 240111. eMail: lakecomo@tin.it. Montag bis Samstag 9:00 – 13:00 und von 14:00 – 17:00 Uhr. Ufficio Informazioni e Accoglienza Turistica - Lecco. Via N. Sauro, 6. Tel. 0341 295720 / 721 - Fax 0341 295730. eMail: info.turismo@provincia.lecco.it. Montag bis Samstag von 9:00 - 12:30 und von 14:30 - 18:00 Uhr. Ufficio Informazioni e Accoglienza Turistica - Bellagio. Piazza Mazzini (Hafen). Tel ./Fax 031 950204. eMail: prombell@tin.it. Montag bis Samstag von 10:00 - 11:00 und von 14:30 - 16:00 Uhr, Sonntag von 10:00 bis 11:00. Ufficio Informazioni e Accoglienza Turistica - Menaggio. Piazza Garibaldi, 8 (Moderner Kiosk am Hafen). Tel./ Fax 0344 32924. eMail: infomenaggio@tiscali.it. Montag bis Samstag von 9:00 - 12:30 und von 14:30 - 18:00 Uhr.

Baden am Comer See

Die **Wasserqualität** der italienischen Seen war immer schon ein Kapitel für sich. Schon früh in den 80er Jahren reagierten die Verwaltungen auf die starke Verschmutzung des Gardasees und des Lago Maggiore. Der Lago di Varese war schon so gut wie tot, als endlich mit dem Bau einer Ringkanalisation und Kläranlagen begonnen wurde. Am Lago di Como herrscht aktuell an den meisten Orten Badequalität, auch wenn ehrlicherweise erwähnt sein muss, dass teilweise immer noch ungeklärtes Wasser in den See fließt. Zum Glück und auch in Folge der EU-Richtlinien werden regelmäßig Wasserproben genommen und im Internet veröffentlicht. Unter der Webadresse der **European Environment Agency** (www.eea.europa.eu) sind die aktuellsten Messergebnisse zu lesen. In einem Artikel der Zeitung aus Como vom 10. Juni 2015 wurde den meisten Badeplätzen am See eine ausreichend gute Qualität bescheinigt. Schlimm ist es um Como herum, baden fällt hier aus. **Besser ist die Wasserqualität von der Mitte des Sees bis in den äußersten Norden, dort gab es keine Beanstandungen.** Ein bisschen hängt die Wasserqualität auch von den Niederschlägen im Frühjahr ab; in den letzten Jahren nahmen diese tendenziell zu und der Wasserstand des Sees war gegenüber früherer Zeiten deutlich höher.

Wo baden am schönsten ist.

Der Comer See ist nicht in erster Linie ein Badesee, dafür bietet er in landschaftlicher und kultureller Sicht zu viele Highlights. Auch ist die Temperatur des Lario nur im Juli und August wirklich badetauglich (20 bis 22°C). Trotzdem gehört es einfach dazu, nach einem Ausflug den Weg zur Abkühlung in den See zu suchen. Und dafür gibt es viele schöne, **großzügige wie auch romantische Badeplätze**. Wegen des vorherrschenden Kieses sind am Lario allerdings Badeschuhe zu empfehlen. **Abbadia Lariana** Bei der Flussmündung entlang des Sees, großzügiger Badebereich. **Bellagio** Südlich der Villa Melzi im Örtchen San Giovanni; Kiesstrand beim Flüsschen mit Edel-Kiosk. **Bellano** Neu angelegtes Schwimmbad am südlichen Ende der Uferpromenade. **Cernobbio** Schwimmbad direkt an der Uferpromenade

BADESTRAND IN ABBADIA LARIANA

in der Nähe der Anlegestelle. Colico **Mehrere schöne Strandabschnitte** nördlich des Hafens bis zur Mündung der Adda. Colico-Laghetto In Laghetto südlich von Colico, am so genannten ‚**kleinen See**', befindet sich ein sehr schöner Naturstrand mit großer Liegewiese und einer Slipanlage für kleinere Boote. **Im Sommer ist hier auch bis in die Abendstunden richtig was los.** Parkplätze in großer Anzahl vorhanden, Snackbar im Kiosk am Ende der Bucht. Como Am nördlichen Ortsende der Uferstraße nach Bellagio ca. 2 km folgen. Dervio Naturbelassener großzügiger Uferstreifen an der Flussmündung. Domaso Langgestreckter, **schön angelegter Strand** mit Cafés und Restaurants. Dongo Von Gravedona bis Dongo weitgehend naturbelassener Strandabschnitt. Gera Lario/Sorico Nördlich des Hafens befindet sich ein großzügiger Badeplatz. Lecco Ein Freibad direkt am Ufer liegt rund 500 Meter vor der großen Brücke. Lenno Am Ende des Hafens liegt ein kleiner, mit Sand aufgeschütteter Strandabschnitt; nördlich des Schiffsanlegers Liegewiese und Kiesstrand mit Kiosk. Lierna Am nördlichen Ortseingang befindet sich eine

SCHWIMMBAD BEI GERA LARIO

schöne langgezogene Bucht. **Mandello del Lario** An der nördlichen Mündung des Flusses Mera. **Menaggio** Kein wirklicher Strand am Ort, eintrittspflichtiges und neu renoviertes Bad. **Pianello del Lario** Hübscher kleinerer Strandabschnitt in der Nähe der beiden. **Torno** Auf Höhe des Zentrums befindet sich ein Freibad mit Schwimmbecken. Weitere Bademöglichkeiten werden bei den jeweiligen Orten angegeben.

Was ist **typisch** für den **Comer See**?

Die Menschen am Lario verstehen es, das Leben zu genießen. Ob Musik, Design, Tradition oder Natur – der Alltag am See ist von **kulturellen Veranstaltungen jeglicher Art geprägt**. Dies ermöglicht nicht zuletzt der beachtliche Wohlstand, der sich in den letzten Jahrzehnten in der Region entwickelt und ihr zu neuem Auftrieb verholfen hat. Auch **kulinarisch** hat der Lago di Como viel zu bieten. An den Promenaden der Urlaubsorte finden Sie, neben den klassisch-italienischen Ristorante und Pizzerien, ein beachtliches Angebot an Ostellerien. Mittlerweile haben allerdings auch die üblichen Fastfood-Angebote Einzug gehalten. Um exquisite Leckerbissen zu finden, lohnt es sich, genauer hinzuschauen und mitunter auch weiter zu fahren. Entsprechende Lokale erkennen Sie meist an besonders **liebevoll und elegant gedeckten Tischen**.

Authentische, **einheimische** und **deftige Küche** findet man hingegen nur noch in den kleineren Ortschaften oberhalb 500 Höhenmeter. Das ist bedauernswert, doch offensichtliche traut sich der durchschnittliche Urlauber an diese Lokale zu wenig heran, sodass sie in den Touristenorten am See nicht lukrativ sind. Wer allerdings mehr über Küche und Esskultur der Comer-See-Region erfahren will, sollte den Schritt in diese Lokale in den Bergdörfern wagen. Als Gaststätte kaum zu erkennen, ohne Speisekarte, mit ein paar Einheimischen, die sich im Innenraum niedergelassen haben, präsentiert sich die Osteria, das einfache Speiselokal, in den Dörfern auf den Anhöhen rund um den Comer See. **Die Speisekarte wird verbal mitgeteilt**, italienische Sprachkenntnisse sind also hilfreich. Aber keine Angst, das Angebot ist durchaus überschaubar. Meist gibt es geschmortes Fleisch, Pasta nach Saison, Eintopfgerichte, Fisch und ein Polenta-Gericht mit verschiedenen Beilagen. Wenn man die Begriffe dafür parat hat, ist die Bestellung kein Problem.

Etwas leichter zugänglich sind die vielen **Agriturismo-Betriebe**, die in den letzten Jahren wie Pilze aus der Erde geschossen sind. Auch hier bekommt man traditionelle regionale Küche aus weitgehend eigener Produktion. Die Betreiber haben sich mehr auf Urlauber eingestellt und den Service entsprechend angepasst. Wer lieber selber kocht, nutzt natürlich die Wochenmärkte, die jeden Tag an einem anderen Ort stattfinden. Hier gibt es frische Lebensmittel, Obst und Gemüse ebenso wie köstlichen Käse, von heimischen Bauern selbst hergestellt, dazu Schinken und Wurst. Ein Blick in die Supermärkte zeigt Ihnen, warum die Wochenmärkte unverzichtbar sind: Gemüse aus Holland, Obst aus Spanien. Einheimische Produkte haben Seltenheitswert. Umso empfehlenswerter sind lokale Feste, die stets einem regionalen Produkt wie Käse, Honig oder Oliven gewidmet sind. Diese farbenfrohen, stimmungsvollen und meist sehr gut besuchten Veranstaltungen zeigen, was die Region wirklich zu bieten hat. **Unbedingt einen Besuch wert sind auch die wenigen Weinkellereien am Comer See.** Traditionelle Weinbaugebiete werden in jüngster Zeit immer öfter reaktiviert, sonnenverwöhnter Wein wartet auf die Verkostung.

Kulinarische Besonderheiten

Die ‚Früchte' des Lario sind die Fische. Sie sind seit jeher Mittelpunkt der Lebensweise rund um den See. Die Art der Zubereitung trägt oft traditionelle Züge, die für Besucher manchmal überraschend sind. Die Missoltini beispielsweise werden in Streifen geschnitten, an der Luft getrocknet und später in einem Holzfass mit Lorbeerblättern aufbewahrt. Vor dem Genuss werden sie kurz auf den Grill gelegt, mit Essig und Öl beträufelt und danach serviert. Die für dieses Gericht verwendeten Fische sind Finten (Alosa fallax), auch Elben genannt - eine große Heringsart, die sowohl im Atlantik als auch in den oberitalienischen Seen vorkommt. Der bis zu 55 cm lange und bis zu zwei Kilo schwere Fisch ist allerdings in seinen Beständen schon dezimiert und steht auf der Liste der bedrohten Tierarten. Die Finte wandert im Mai an die Flussmündungen des Comer Sees und zur Laichablage weiter in die unteren Flussläufe. In Dervio findet jedes Jahr im Juli mit der Sagra del Missoltini ein Fischfest zu Ehren der Finten statt. Dort werden die Tiere sowohl in traditioneller als auch alternativer Zubereitung serviert. Fritto misto di Lago heißt eine gemischte Fischplatte, meist aus Ukelei (Lauben), Finten, Blaufelchen und Flussbarschen, die in Mehl gewendet und dann in einer schweren Eisenpfanne mit reichlich Fett unter großer Hitze kurz angebraten werden. Salbei gibt ihnen eine unverwechselbare Note. Pesce del Carpione wiederum werden zunächst frittiert und danach, eingelegt in eine Essig/Öl-Marinade, eine gewisse Zeit gelagert. Frisches Brot und ein Gläschen Wein dazu -

ein Genuss. **Zweites Standbein der larianischen Küche ist die Polenta.** Sie wird traditionsgemäß über offenem Feuer in einem Kupferkessel hergestellt. Dazu streut man unter ständigem Rühren den Maisgrieß ein. Ein Kraftakt: Denn erst nach 45 bis 60 Minuten löst sich der Teig von der Topfwand - dann ist die Polenta fertig. Am Comer See genießt man sie mit Ei, Käse der Region, Fisch aus dem See und auch mit Gemüse. Ans Nordende des Sees ist ein Gericht aus dem Veltlin ‚herüber geschwappt', das es fast in jedem traditionellen Gasthaus gibt: die Pizzocheri della Valtellina. Das Auflaufgericht aus Buchweizennudeln, Kartoffeln, Wirsing, Knoblauch und Bergkäse ist ein Genuss. Mit viel Butter wird es in einer Auflaufform serviert. Dazu schmecken frisches Brot und ein guter Landwein. Weiterhin gibt es viele leicht variierende Eintopfgerichte aus Fleisch und Gemüse der Saison. Dank unterschiedlicher Kräuter wird es überall ein bisschen anders zubereitetet. Ein weiteres aus dem Veltlin importiertes Gericht sind die Sciatt (sprich: Schatt), mit einem Weizenmehlteig umhüllte Käsebällchen, die in sehr heißem Fett frittiert werden. Man serviert sie als Vorspeise meist mit gut gewürztem Salat.

Regionale Produkte des Wochenmarkts

In den Hochlagen über Argegno, im Gebiet des **Valle d'Intelvi**, reift ein Käse mit unvergleichlichem Aroma heran: Der Casoretta. Er ist ein sehr fetter Käse, dem ein Zehntel-Anteil Ziegenmilch hinzugefügt wird. Nach frühestens einem Monat kann der Käse zum Würzen von Pasta- und Polentagerichten dienen. Hier, und vor allem weiter im Norden, wird auch der Zincarlin hergestellt, der zu den Ricotta-Käsen gehört. Die regionale Besonderheit: Eine Hülle aus schwarzem Pfeffer. Zwischen Dongo und Gravedona ist der magere Semuda heimisch, der in Handarbeit aus entrahmter Milch entsteht. Der meist in konvexe Form gebrachte Käse reift in tiefen Höhlen der Region und erreicht dadurch farbliche und geschmackliche Vielfalt. Auch auf anderen Gebieten der Lebensmittelproduktion sind die Landwirte des Comer Sees wahre Könner. Sie produzieren Honig, Wurst, Schinken und Olivenöl in stets hoher Qualität.

Der **Alto Lago**[Nord]
(Alto Lario; der nördliche See)

Das Gebiet umfasst die Abschnitte nördlich von Menaggio auf der westlichen und nördlich von Varenna auf der östlichen Seite des Lago di Como und schließt die Berge um den **Lago di Mezzola** im Norden mit ein. Dieser landschaftlich reizvolle Seeabschnitt ist in der Nähe der Ortschaften von leicht ansteigenden Uferzonen geprägt, in denen eine teils dichte Besiedlung vorherrscht. Meist waren es Gebirgsflüsse, die über Jahrhunderte mit ihren Sand- und Geröllmassen dem See Raum genommen haben und so die Lebensräume für die Einwohner schufen und erweiterten.

Glücklicherweise sind noch viele dieser ehemals landwirtschaftlichen Flächen von übermäßiger Bebauung mit Ferienanlagen oder Hotels verschont geblieben, z.B. in **Dongo**, **Gravedona**, **Gera Lario**, **Sorico** oder **Colico**. Auf vielen Grundstücken weiden Schafe, haben sich Campingplätze ausgebreitet oder die Flächen liegen einfach nur brach. Die Ortschaften entlang der Bergrücken und -täler sind zum Teil die ursprünglichen Besiedlungen. Erst später, als die Seidenindustrie am See Hafenanlagen für den Transport der Seidenraupenkokons

BLICK VON DEN ANHÖHEN DES ALTO LAGO

benötigte, wuchsen die Orte an die Ufer heran. Auch die Handelswege verlagerten sich durch den Bau von weiteren Straßen und Wegen immer mehr in Richtung See, viele der alten Handels- und Versorgungswege in den Bergen werden heute auch als Höhenwanderwege zwischen den alten Ortskernen genutzt.

Die **Via Regina Antica** und der **Sentiero del Viandante** gehören heute zu den schönsten, seenahe und durchgehenden Wanderwegen der oberitalienischen Seen. Überhaupt zieht das Alto Lario in den letzten Jahren immer mehr Urlauber an, nicht zuletzt, weil man von hier aus sehr gute Verkehrsverbindungen in alle erdenklichen Richtungen der Comer See-Region hat. Zudem ist es eher ruhig und man ist den Haupttouristenpfaden nicht unmittelbar ausgesetzt. Die Wandertouren auf dem Gebiet des Alto Lario sind meist Gipfelwanderungen der umliegenden Bergmassive. Gewöhnlich fährt man ein Stück mit dem Auto hinauf und steigt auf ca. 800 – 1 000 Höhenmeter in die Wandertour ein. Einige interessante Hochtalwanderungen ergänzen das Angebot. Die vom Wassersport dominierten Uferbereiche sind weitläufig, die Uferstraßen einiger Ortschaften teilweise verkehrsberuhigt. Das ermöglicht es dem Besucher, in natürlicher Umgebung am See zu spazieren.

Gera Lario, **Domaso** und **Colico** bilden die Eckpunkte des vom Wind verwöhnten Wassersport-Dreiecks, das alljährlich eine Schar von Wassersportlern anzieht. Diese haben hier zwei verlässliche Begleiter: **Die Breva**, ein thermischer Südwind, der meist ab Mittag für mächtig ‚Zug' zwischen den beiden Seeufern sorgt, und **den Tivano**, einen Nordwind, der bereits schon ab morgens und dann noch stärker weht. An guten Windtagen tummeln sich Hunderte Surfer auf dem See, ein beeindruckendes Schauspiel. In neueren Zeiten haben sich die Kitesurfer mit ihren kleinen Fallschirmen im Norden dazugesellt. Die vielen und schön gelegenen Campingplätze, meist direkt am See und mit ausgedehnten Strandbereichen, bieten in allen drei Orten vor allem Familien sorgenfreies Urlaubsvergnügen.

Das Naturschutzgebiet **Pian di Spagna**, der angrenzende **Lago di Mezzola** und die Flussmündung der Adda charakterisieren das Ende des Lago di Como als Naturschutzgebiet. Der höchste Berg am Comer See, der **Monte Legnone** (2609 m), belohnt ausdauernde und wagemutige Sportler mit einer grandiosen Aussicht. Burgen, Festungen, Grotten und andere Freizeitziele runden die Attraktionen des Alto Lario ab. Für Feinschmecker bietet die Erntezeit im Herbst eine große Tafel an verschiedenen regionalen Köstlichkeiten: Wein, Oliven, Käse, Schinken uvm.

Bellano und der Orrido

Vor Millionen von Jahren formte der Gebirgsbach Pioverna mit immenser Kraft eine Schlucht durch einen massiven Fels. Das beeindruckende Ergebnis nennt sich ‚**Orrido di Bellano**' und ist die Hauptattraktion im Ort, etwas oberhalb des Ortskerns. Zu jeder Jahreszeit geöffnet, bietet der Orrido einen abenteuerlichen Eindruck von der Urgewalt des Wassers - vergleichbar mit der Partnach- oder Breitachklamm in den bayerischen Alpen, nur wesentlich kürzer. **Ein schön angelegter Weg** führt durch die Schlucht zu einer Aussichtsplattform mit einigen Bänkchen. Weiter kommt man an dieser Stelle allerdings nicht, was für viele Besucher eine kleine Enttäuschung darstellt.

Bellano hatte während des Seidenbooms am Comer See eine gute Zeit, heute lebt der Ort mit seiner ansprechenden Uferpromenade weitgehend vom Fremdenverkehr. Der wie eine Halbinsel geformte Seeuferbereich wurde in den letzten Jahren aufwändig modernisiert und erweitert, sodass mit dem Strandbad, dem Stadtpark an der Flussmündung und dem Segelclub einige Attraktionen zur Verfügung stehen. Im Hinterland des Ortes erstreckt sich eines der schönsten Nebentäler der Region, das Valsassina. Die grüne Vegetation entlang des Flusses und die sich links und rechts anschließende reizvolle Bergwelt ist gut erschlossen. Alljährlich findet am Dreikönigstag das Historien-Spektakel ‚**Pesa Vegia**' (alte Waage) statt. Das Fest erinnert an einen Vorfall zu Beginn der spanischen Besatzungszeit um 1666. **Pedro Acevedo de Fuentes** hatte sich in den Kopf gesetzt, ein neues Wiegemaß einzuführen, womit die örtlichen Händler überhaupt nicht einverstanden waren. Sie zogen aus Protest mit einer Gesandtschaft nach Como und stoppten das Vorhaben erfolgreich. Als Termin für die Rückkehr aus Como steht die Nacht vom 5. auf 6. Januar. Überall auf den Straßen und den Plätzen zeigen sich spätmittelalterlich verkleidete Menschen, und Szenen aus der damaligen Zeit werden nachempfunden. Das Fest beginnt um 16.00 Uhr und findet mit einer öffentlichen Rede des Bürgermeisters um 22.30 Uhr sein Ende. Der alte Ortskern von Bellano überzeugt mit dunklen Gassen, hübschen Hinterhöfen, interessanter Wappenkunst und pittoresken Häuserfassaden. Der empfehlenswerte Spaziergang entlang

DER ATTRAKTIVE HAFENBEREICH VON BELLANO

der belebten Uferpromenade eröffnet tiefe Einblicke in die Charakteristik des Ortes. Zahlreiche Ristorante, Pizzerien und Gelaterien verwöhnen den Urlauber mit verschiedenen Köstlichkeiten, wobei sich ein Preisvergleich in jedem Fall lohnt. Sehenswerte Palazzi befinden sich an der Piazza San Giorgio, ungefähr auf Höhe des Hafens, nur eine Querstraße (Via Manzoni) hinter der Promenade.

Die **Pfarrkirche Santi Nazaro e Celso** hat eine imposante Fassadengestaltung, die aus schwarzem und weißem Stein gefertigt wurde. Zentral ist eine fein verzierte Fensterrosette mit Statue darunter; sie zeigt den Heiligen Ambrosius. Der Haupteingang ist mit einem halbrunden Portal versehen. Im Innern findet der Kunstinteressierte einige Objekte von Bedeutung; die im 16. jahrhundert fertiggestellten Fresken, die strahlenden Fenster der Rosette und der Altar von San Giovanni Battista. Direkt in der Nachbarschaft steht die **Chiesa Santa Marta**, deren mannsgroße Holzstatuen für viel Bewunderung sorgen. Ein weiteres sehenswertes Got-

teshaus (San Rocco) liegt in der Nähe des Orrido beim Friedhof. Die Kirche ist den Kriegsgefallenen der Gemeinde geweiht, im Inneren fallen die beiden großen Wandteppiche ins Auge. Überraschend ist der Anblick des großen Industriegebäudes unterhalb des Orrido am Flusslauf. Jeder, der den Ort passiert, fragt nach dessen Bedeutung. Es ist die ehemalige Textilfabrik aus den guten Zeiten der Seidenherstellung am Comer See. Als nach dem Zweiten Weltkrieg die Textilindustrie immer mehr an Fahrt verlor, musste auch die Fabrik in Bellano schließen. Heute steht das Gebäude weitgehend leer und wartet auf seine weitere Verwendung. Ein Investor, der den aufwändigen Abriss bezahlt oder die Sanierung des bestehenden Areals in Angriff nimmt, ist noch nicht gefunden. Das liegt sicher auch daran, dass Bellano noch nicht zu den Top-Reiseorten am Comer See zählt und die Grundstückspreise die von anderen Gegenden bekannten Kapriolen (noch) nicht erreichen. Das neu gebaute Strandbad mit kleinem Pool befinde sich zwischen Fluss und Yachthafen. Auf den Kies wurde einfach Sand aufgeschüttet, eine Snackbar versorgt die Gäste mit dem Nötigsten. Lido di Bellano. Via Martiri della Libertà. 23822 Bellano. 0341 810066.

Über das **Muggiasca** ins **Valsassina**

In und um Bellano geht es eher ruhig zu; Einwohner und Besucher genießen die wundervolle Natur im Umfeld des Torrente Pioverna und der vielseitigen Bergwelt des Valsassina. Folgt man dem Fluss landeinwärts, steigen die Berghöhen schnell an, mit dem Pizzo de Tre Signori ist der höchste Berg der Gegend mit seinen markanten drei Spitzen sehr präsent. Zwischenzeitlich zweigen links und rechts zahlreiche und nicht minder interessante Seitentäler ab. Die Bezeichnung Muggiasca steht z.B. für eine Ansammlung von sieben sehr alten und traditionsreichen Bergdörfern (Noceno, Sanico, Mornico, Comasira, Inesio, Mosnico und Vendrogno con Bruga), die sich hauptsächlich entlang des südwestlichen Bergrückens des Monte Muggio erstrecken. Man erreicht

VIEL ZU ENTDECKEN IN DER UMGEBUNG VON BELLANO!

die sehenswerten Weiler über die alte und sehr kurvige Bergstraße nach Vendrogno. Besonders interessant ist der Ort Vimogno weiter hinten im Valsassina; dort stürzt der Wasserfall ‚Troggia' in beeindruckender Weise in die Tiefe. Das Wasser wird übrigens von der Firma Norda als Mineralwasser verkauft. Nach einer halbstündigen Fahrt erreicht man schließlich Lecco, den bedeutenden Industriestandort ganz am Ende des östlichen Seearms des Lario. Kurz vor dem Ort zweigt eine schier endlose Serpentinenstraße zum eigentlichen Bergzentrum des Sees ab, den **Piani Resinelli**, die das mächtige Bergmassiv der **Grigne-Gruppe** erschließen.

Auf den **Monte** (**Croce di**) **Muggio**

Eine empfehlenswerte Bergwanderung in der Nähe von Bellano ist die auf den Monte Croce di Muggio, den örtlichen Hausberg (1 799 m). Die Tour beginnt im Bergörtchen **Mornico**. Für die Anfahrt nehmen Sie zunächst die Straße nach Pradello und weiter nach **Vendrogno** und Inesio, alternativ die Strecke über Narro (etwas breiter!). Von Mornico aus führt ein Wanderweg direkt auf den Gipfel, die wenig entfernte **Alpe Giumello** ist eine der höchsten mit dem Auto erreichbare Siedlung der Region. Es gibt Aufstiegsmöglichkeiten auch von

Dervio und Bellano direkt, von halber Höhe aus oder von (fast) ganz oben; für jeden Fitnesszustand ist etwas dabei. Der Skifahrberg bietet eine schöne Höhenweg-Runde; der anschließende kurze Anstieg zum Gipfel ist dann nur noch Formsache. In der Nähe des Parkplatzes gibt es einige schöne Berggasthöfe und Bergkäse direkt vom Erzeuger! Die Rundwanderung kann in beide Richtungen gegangen werden. Informationen und weitere Tourenvorschläge gibt es auch in der örtlichen Touristeninformation und im Wanderführer aus dem Zwischenräume Verlag.

Übernachten in Bellano

(1) **Hotel Villa Stupenda**. Via per Lecco, 3. 23822 Bellano. 0341 810386. www.villastupenda.it. Alten Villa aus dem 20. Jahrhundert. Nach sorgfältiger Innenrenovierung ist ein elegantes und romantisches Hotel entstanden. (2) **Hotel Meridiana**. Via Carlo Alberto, 19. 23822 Bellano. 0341 821126. www.meridianotel.it. Das Hotel liegt direkt am See und verfügt über acht Zimmer, alle mit Terrasse/Balkon zum See. Sehr angenehme Atmosphäre, ein liebevoll angelegter Garten, Abendessen auf der Terrasse. Preise ab EUR 55,00 (EZ). (3) **B&B Villa Anita**. Strada Nuova per Oro, 11. 23822 Bellano. www.villanita.lc.it. Nettes B&B im Ortsteil Lago. Preise ab EUR 45,00 (EZ).

Gut essen in Bellano

Die Lokale bieten typische Gerichte der Region, Fisch aus dem Comer See und auch aus der umliegenden Bergwelt, vor allem des Valsassina. Vorherrschend ist jedoch die internationale mediterrane Küche. (1) **Pesa Vegia**. Piazza G. Verdi, 7-9. 23822 Bellano. 0341 810306. www.pesavegia.it. Schönes Lokal mit guter Speisekarte. Manche bezeichnen das Lokal als eines der besten zwischen Lecco und Colico. Als Nachtisch empfiehlt sich die Zabaione, ebenso die Weine. (2) **Ristorante all'Orrido**. Via XX Settembre, 19. 23822 Bellano. 0341 810310. Restaurant mit Fremdenzimmern, auf Wunsch auch mit Verpflegung. (3) **La Darsena**. Via Carlo Alberto, 8-9. 23822 Bellano. 0341 810317. Ristorante in attraktiver Umgebung. Gute Auswahl an Pasticcini: (4) **Pasticceria Lorla**. Piazza Santa Marta, 23822 Bellano.

Colico ganz im Norden

Colico nimmt eine mit Como oder Lecco vergleichbare Fläche ein, Einwohner hat es deutlich weniger. Dennoch ist es das wirtschaftliche Zentrum des Alto Lario. Der Ort bildet den östlichen Abschluss der Wassersportregion im Norden des Comer Sees und hält einen Großteil der industriellen Arbeitsplätze. Ein Blick auf den Hafenbereich unterstreicht diesen Eindruck: **Großzügig angelegt sind sowohl die Piazza am See als auch die Strandbereiche** südlich und nördlich des Ortes mit den sich anschließenden Campingplätzen. Viele kleine Vororte (u.a. Curcio, Laghetto, Olgiasca und Villatico) erstrecken sich entlang der sanft ansteigenden Ebene, die das Fundament des Monte Legnone bilden, des höchsten Berges am Comer See.

Im Industriegebiet von Colico befindet sich ein riesiges Einkaufszentrum, das man in dieser Gegend eigentlich nicht erwartet: **Iperal Fuentes**. Ein Zentrum der Superlative! Zwei Dutzend Einzelhandelsgeschäfte und einige Snackbars tun alles dafür, dass die Gäste möglichst viel Zeit hier verbringen. Im Zentrum steht eine Riesenausgabe der Lebensmittelkette ‚Iperal' mit Fisch-, Gemüse- und Backwarenabteilungen vom Feinsten, alles ein bisschen größer als gewohnt. An historischen Attraktionen bietet Colico die Klosteranlage in Olgiasca, zwei Festungen aus früherer Zeit, einen alten Turm oberhalb von Villatico und diverse kleinere Kirchen. Das Tourismusbüro von Colico mit großem Parkplatz befindet sich etwa 200 m östlich hinter der Seepromenade. Colico hat sich mit einem anerkannten Musikfestival für klassische Musik in den letzten Jahren einen guten Namen gemacht. Die Festreihe ‚**Musica sull'Acqua**' lockt im Juli namhafte und weniger namhafte, dafür talentierte Musiker, an, Kostproben ihres Könnens vorzutragen. Die Veranstaltungsorte werden dabei mit Licht und anderen Effekten wirkungsvoll inszeniert, die warmen Temperaturen tun ihr Übriges.

Beginnen Sie Ihre **Besichtigungstour** auf der Piazza im Ortszentrum direkt am See. Die Kommune hat in den letzten Jahren viel Mühe auf die Neugestaltung ihres ‚Aushängeschildes' verwendet, zweifelsohne mit gutem Ergebnis. Moderne Gestaltungselemente wie Bänke, Wasserspiele, Pflanzen und Lampen setzen sich

zu einem harmonischen Gesamtbild zusammen. Ein Spaziergang in Richtung Norden erschließt ein Areal von Freizeiteinrichtungen und Sportanlagen, die sich hauptsächlich dem **Wind- und Kitesurfen** widmen. Anschließend erreicht man den **Fiume Adda**, den einzigen Zufluss des Comer Sees. Einige Spazierwege und Fahrradstrecken beginnen hier, beliebt ist die Strecke entlang des Flusses in Richtung Valtellina. Kanu- und Kajakfahrer finden hier gute Einstiegsmöglichkeiten, und auch die Seeuferbereiche in Richtung des Lago di Mezzola eröffnen attraktive Paddelziele. Auf der anderen Seite des Flusses schließt sich das Naturschutzgebiet ‚**Pian di Spagna**' an, eine Oase der Ruhe und Erholung. Dort locken weitere Rad- und Wanderwege. In Colico gibt es ein kleines Geschäftszentrum an der stark befahrenen Durchgangsstraße. Die örtlichen Kirchen stehen leider gut versteckt in den übrigen Ortsteilen und sind zu Fuß kaum zu erreichen. Zudem fällt die Orientierung in dem weit verzweigten und wenig beschilderten Straßensystem sehr schwer. Sehenswert ist der **Torre Fontanedo**, der sich östlich von Villatico befindet. Der gut erhaltene Wehrturm steht im Zentrum einer aus dem 14. Jahrhundert stammenden Befestigungsanlage, die der Sicherung der Handelswege hier am Schnittpunkt zwischen Italien, Österreich und der Schweiz diente.

In Laghetto südlich von Colico in der Nähe von Piona, am so genannten ‚kleinen See', befindet sich **ein sehr schöner Naturstrand mit großer Liegewiese und einer Slipanlage für kleinere Boote**. Im Sommer ist hier auch bis in die Abendstunden Betrieb. Parkplätze sind in großer Anzahl vorhanden, eine Snackbar befindet sich im Kiosk am Ende der Bucht.

Das Forte di Fuentes

In Colico gibt es zwei interessante Festungsanlagen, das Forte di Fuentes und das Forte Montecchio. Die Wahl des Ortes erfolgte nicht zufällig: Die Lage von Colico ist strategisch vorteilhaft für die Verteidigung - Angreifer auf dem Weg nach Süden mussten diese enge Stelle passieren. Die Festung - auf dem Hügel Monte di Montecchio gelegen - wurde Anfang des 17. Jahrhunderts vom spanischen Gouverneur des Herzogtums Mailand, Don Pedro Enriquez de Açevedo, Graf von Fuentes, erbaut. Die Überreste dieser Anlage lassen sich am nördlichen Ortsteil besichtigen.

DIE VIER MÄCHTIGEN KANONEN DES FORTE MONTECCHIO

Das Forte Montecchio

Die Wehranlage auf einer leichten Anhöhe etwas nördlich der Ortsmitte von Colico ist **Sinnbild für die Ängste und Spannungen, die über Jahrhunderte zwischen den dort ansässigen Volksgruppen** herrschten. Die Mächtigkeit der vier Kanonen zeigt darüber hinaus auch die strategische Bedeutung des nördlichen Comer Sees für die Gebirgstäler Val Chiavenna, Valtellina und das eigentliche Seetal. Die italienische Regierung wollte mit dem Bau der Anlage mögliche Angriffe aus Österreich und der Schweiz verhindern.

Bereits Ende des 19. Jahrhunderts begannen die Überlegungen für den Aufbau einer Verteidigungslinie am Ende des Comer Sees. Im April 1911 erfolgte schließlich der Auftrag zum Bau, 1914 konnten die wesentlichen Teile der Anlage fertiggestellt werden. Das Forte besteht im Wesentlichen aus zwei Teilen: der Unterkunft für die Truppen auf dem Areal der Geschütze und dem Offiziersbereich mit Kommandostation, Schreibstube,

Krankenzimmer und Versorgungsräumen weiter südlich. Beide Bereiche sind mit einem gepanzerten, überirdisch verlaufenden Weg verbunden. **Alle Gebäude sind aus 1,5 bis 2 m dickem Stahlbeton erbaut** und halten so direktem Beschuss aus mittelstarker Artillerie (Stand: 1930) stand. Auf dem Gelände befinden sich außerdem eine Kegelbahn, Damentoiletten und Waffenkammern. Alle Räume sind mit einer Belüftungsanlage versehen, um starker Feuchtigkeit und damit verstärktem Rostbefall der mechanischen Anlagen vorzubeugen. Besondere Anforderungen hatte die Pulverkammer zu erfüllen. Durch eine ausgeklügelte Konstruktion der Entkoppelung von den Außenmauern in Verbindung mit Kondensationskörpern, an denen Luftfeuchtigkeit kondensiert und über ein Rinnensystem ablaufen kann, wurde die Funktionsfähigkeit des Sprengstoffs gewährleistet. Die Kanonenräume befinden sich eine Ebene höher und sind über steile enge Treppen zu erreichen. Oben in den Kanzeln hängt ein starker Geruch von Öl und Stahl - auch dreißig Jahre nach der Aufgabe des Standorts! Die Granaten werden von unten über ein Förderband zu den Geschützen befördert. All das ist noch realitätsnah aufgebaut, freilich ohne Pulver.

Besonders bemerkenswert ist der Aufstieg auf das Dach der Geschützanlage. Die vier Kanonen mit ihren halbkugeligen Abschirmungen, ausgerichtet nach Norden, strahlen martialische Stärke aus und sorgten wohl schon immer für eine gehörige Portion Respekt. Die vier 149 mm Kanonen verfügen über eine Schussweite von ca. 14 km. Vielleicht ein Grund dafür, dass die Kanonen in ihrer fast 70-jährigen Bereitschaft nur einmal im Einsatz waren: Am 27. April 1945 wurden fünf Granaten abgeschossen. Ziel war die Gegend zwischen Dongo und Sorico, wo eine motorisierte Eskorte um den Faschisten Benito Mussolini aufgehalten werden sollte. Die Geschosse gingen damals ins Leere, Mussolini wurde dennoch von Partisanen aufgegriffen und einen Tag später erschossen. Das Forte Montecchio kann nur innerhalb einer Führung besucht werden. Diese finden im Stundenrhythmus statt und dauern ca. 60 min. Die Führung wird in Italienisch und Englisch abgehalten. Forte Montecchio Nord. Via alle Torri, 2. 23823 Colico. 0364 94617. www.fortemontecchionord.it. Preise von EUR 4,00 bis 7,00. Geöffnet von April bis Anfang November. 10.00 bis 17.00 (18.00) Uhr.

AUCH DER AUSSENBEREICH DER KIRCHE IST SEHENSWERT!

Die Abtei von **Piona**

Ein lohnendes Ausflugsziel bietet die Abtei von Piona, die sich einige Kilometer südlich von Colico befindet. Sie laufen in Richtung Olgiasca weiter und folgen von dort der Halbinsel wieder nordwärts. Die **Klosteranlage Abbazia di Piona** und die dazugehörige Kirche San Nicola, welche in romanischem Stil von 1252 bis 1257 erbaut wurde, gehören zum Pflichtprogramm. Die Anlage liegt landschaftlich reizvoll am äußeren Ende einer Halbinsel inmitten von Gärten und Obstwiesen und verfügt über eine eigene Schiffsanlagestelle. Parkplätze stehen zur Verfügung. Informationen: 0341 940331. www.cistercensi.info/piona

Der Laghetto di **Piona**

Der südliche Uferweg, vorbei an der Schiffsanlegestelle, führt zu mehreren Badestellen und Campingplätzen und endet schließlich an einem nicht zugänglichen Privatgelände: Der hügeligen Halbinsel Montecchio Süd.

Ein kleiner Weg führt in angemessenem Abstand daran vorbei und endet vorerst in Laghetto, einem kleinen Örtchen am gleichnamigen **Laghetto di Piona**. Der ‚kleine See von Piona' ist eine schöne Bucht zum Baden. Einige Campingplätze (viele Dauercamper), eine Segelschule und Ferienanlagen haben sich hier angesiedelt. **Der großzügige öffentliche Strand mit Kiosk** zieht am Wochenende viele Badegäste aus der Region an, ausreichend Parkraum und ein frei zugänglicher Slip-Bereich für Bootsbesitzer stehen zur Verfügung.

Die Pian di Spagna

Das **Naturschutzgebiet Pian di Spagna** lädt Naturfreunde zu ausgiebigen Entdeckungstouren ein. Gekennzeichnete Wanderwege durchziehen das gesamte Gebiet zwischen Colico und Sorico. Die Randbereiche lassen sich außerdem bestens per Kanu oder Kajak erkunden. Seltene Tierarten geben sich ein Stelldichein, vor allem Vogelarten, die hier geschützt brüten. Das Feuchtgebiet lädt jedes Jahr zum großen **Bird-Watching-Event** ein, die Parkverwaltung bietet zahlreiche Führungen zu den verschiedensten Themen an. Informationen dazu gibt es unter www.piandispagna.it und in allen Tourismusinformationen der Umgebung. Pian di Spagna e Lago Mezzola. Via della Torre, 1 A. 22010 Sorico. 0344 84251; www.piandispagna.it.

Wassersport ist (fast) alles!

Colico ist neben Domaso, Gera Lario und Sorico **das größte Wassersportzentrum am Comer See**. Windsurfen und Segeln können hier unter exzellenten Bedingungen erlernt und ausgeübt werden. Die Sportschulen findet man nördlich des Ortes am Ufer, auch viele Kitesurfer haben sich eingefunden. Boote aller Art stehen zur Vermietung, allerdings sind die Preise vergleichsweise gesalzen. Der Yachthafen liegt unmittelbar nördlich des großen Hafenbereichs am See. Auf der anderen Seite der Bucht liegt der Lido Colico, wo ebenfalls Wassersport ausgeübt wird. Ein Restaurant und eine Bar bieten kleine und große Speisen. Centro Windsurf Colico. 389 4637873. www.windsurf-colico.com. Bit of Salt. 0 335 5742065. www.bitofsalt.it. Lido di Colico. Via Lungo Lario Polti, 4. 23823 Colico. www.lidocolico.it.

Für Biker interessant: Der **Sentiero Valtellina**

Eine schöne Strecke führt vom Strand in Colico bis zur Provinzhauptstadt Sondrio und weiter nach Bormio. Zunächst an der Adda am Rande des Naturschutzgebietes Pian di Spagna entlang, geht es in der Folge ebenerdig vorbei an vielen kleinen Orten im schönen Valtellina. Sicherlich wechselt die Strecke immer wieder auch auf Straßen, diese sind aber in der Regel kaum oder wenig befahren. **Die Strecke beträgt insgesamt 114 km**, sie steigt dabei stetig leicht an und verläuft durch eine beeindruckende Natur. Unterwegs gibt es immer wieder die Möglichkeit, sich in kleinen Lebensmittelläden, Bars oder Gasthäusern zu versorgen. Einen aussagekräftigen Streckenplan als PDF gibt es unter www.valtellina.it; einfach die geruckte Version in der Tourismus-Information! Auf der Karte ebenfalls verzeichnet ist dar Radweg nach Valchiavenna (Ciclabile Valchiavenna; 42 km).

Übernachten in **Colico**

(1) **Hotel Conca Azzurra**. Via per l'Abbazia di Piona, 119. 23823 Colico-Olgiasca. 0 341 931984. www.concazzurra.com. Das Hotel liegt im Teilort Olgiasca, etwas südlich von Colico in prächtiger Lage auf einer Halbinsel. Sehr nettes Personal und schöne Zimmer. Preise ab EUR 44,00 (EZ). (2) **Hotel Lago di Como**. Via Legnone 4. Colico. 0341 940268. www.hotelagodicomo.com. Das kleine Designer-Hotel hat in letzter Zeit viele Anhänger gewonnen. Ruhige zentrale Lage, das Personal ist sehr zuvorkommend. Preise ab EUR 60,00 (EZ). (3) **B&B Ca' del Cech**. Via La Fabbrica, 5/7. 23823 Colico. 0347 5138441. www.cadelcech.com. Ruhige zentrale Lage. Zwei Doppelzimmer mit der Möglichkeit, ein drittes Bett zu stellen. Camping. In Colico selbst gibt es nur einen Campingplatz, Camping ‚Lido di Colico'. Er liegt direkt am See, wird aber von zahlreichen Dauercampern bewohnt. Drei weitere Plätze gibt es in der Bucht von Piona: Green Village, Piona und El Logasc, alle direkt am Seeufer. Probieren Sie es zuerst bei Logasc. (4) **Campeggio Lido di Colico**. Lungo Lario Polti, 4. 23823 Colico. 0341 941393. Der Campingplatz

befindet sich direkt am Naturstrand des Comer Sees. Viele Dauercamper, einige freie Plätze über das Areal verteilt. Sehr gute Lage zum Ort, zu Geschäften und Ausflugszielen. (5) **Camping El Logasc**. Via Laghetto. 23823 Colico. 0341 933139. www.logasc.com. Der Platz liegt direkt an der Bucht zu Piona. Im vorderen Teil siedeln die Dauercamper, vorn am See gibt es ca. zehn Plätze für Urlauber.

Gut essen in **Colico**

Auf der zentralen Piazza findet jeder das passende Restaurant. Aber wie zumeist verbergen sich auch hier nur ein, zwei Ecken weiter die wahren Schätze: Lokale, die oft günstiger und besser sind. Halten Sie sich beispielsweise vor dem Hafen in der Fußgängerzone rechts, und Sie stoßen auf ‚Il Faro', eine typische Pizzeria. (1) **El Mercante**. Via Laghetto, 45. 23823 Colico. 0341 930257. Traditionelle und landestypische Küche, die ansprechend und geschmacklich hervorragend präsentiert wird. Freundliches Personal, gemütlich eingerichtet. (2) **Il Faro**. Via Montecchio Nord 30. 23823 Colico. 0341 940123. www.ristoranteilfaro.eu. Gutes Haus mit typisch italienischer Küche. Man isst im Sommer unter freiem Himmel, alte Platanen sorgen für Schatten. Tolle Atmosphäre, knusprige Pizzen. (3) **Trattoria La Colomba**. Via Villatico SNC.23823 Colico. 0341 940209. www.trattorialacolomba.com. Die Trattoria legt sehr viel Wert auf traditionelle Zubereitung der Speisen. Viele Gerichte aus dem nahen Veltlin. Unzählige Pastagerichte, der Gast wird verwöhnt. (4) **Bar Il Porticciolo**. Lungolago. 23823 Colico. Angesagte Bar an der Seepromenade am alten Fischerhafen. Zu jedem alkoholischen Getränk gibt es eine unglaublich große kostenlose Antipastiplatte.

SAN VITO LIEGT WUNDERSCHÖN AUF EINER HALBINSEL.

Cremia ist ein Zusammenschluss mehrerer kleiner Gemeinden südlich von Pianello del Lario an den umliegenden Berghängen. Dem See am nächsten befindet sich die **Fraktion San Vito**, ein anheimelnder kleiner Ort, der mit einigen touristischen Angeboten aufwarten kann. Die restlichen Dörfer überzeugen durch landschaftlich schöne Lage inmitten sanfter Berghänge und kleiner Waldstücke. Für Wanderfreunde empfiehlt sich unter anderem der Wanderweg **Via Regina**/Teilstück Rezzonico-Dongo. In Sachen Sport zählt der kleine Kiesstrand in San Vito zu den Highlights, von dem aus viele Windsurfer ins Wasservergnügen starten. Die Breva bläst hier ordentlich ab Mittag, vormittags verwöhnen leichte, gleichmäßige Winde den Wassersport-Anfänger. In San Vito befindet sich auch ein Kitesurf-Spot mit einem zehn Meter breiten Startkorridor. Der kleine **Campingplatz Aurora** bietet nichts Spektakuläres, doch immerhin verfügt er über 35 Plätze und ausreichende sanitäre Einrichtungen. **Bei Surfern ist er Kult**. In San Vito liegt ganz zentral die **Chiesa San Vito**, die eine der ältesten romanischen Kirchen am Westufer des Comer Sees ist. An der Außenseite wurden Fragmente von Vasen, Werkzeugen und anderen Gegenständen aus der Römerzeit gefunden, die auf eine antike Nekropole schließen lassen. Das Innere der Kirche zeigt drei Schiffe unterschiedlicher Höhe mit Spitzbögen. Sehenswert sind der vergoldete Holztabernakel, ein altes Fresko zur Rechten und die Altarbilder, die u.a. die heilige Maria zeigen.

Der eigentliche Ortskern befindet sich einige Straßenkehren bergauf im Ortsteil Vignola. Das Rathaus, die Kirche San Michele mit einem berühmten Gemälde, ein Lebensmittelladen und zwei Bars liegen zentral an der Piazza Gloria. Am schönsten ist es in San Vito: das kleine Ensemble am Ufer hat etwas Besonderes und eine kleine Bar sorgt für entspannte Atmosphäre.

Übernachten in **Cremia**

(1) **Hotel Lumin**. Via San Vito, 10. 22010 Cremia. 0344 80299. www.lumin.it. Das kleine, feine Drei-Sterne Hotel Lumin an der Via San Vito liegt idyllisch direkt am See. Gefrühstückt wird in der anliegenden Pizzeria, wo abends knusprige Pizza aus dem Steinbackofen serviert wird. Preise ab EUR 100,00 (DZ). (2) **Bed & Breakfast Il Motto**. Località Motto. 22010 Cremia. 0344 86210. www.ilmotto.it. Kleine Pension oberhalb von San Vito mit grandiosem Blick auf den Comer See. Preis ab 40 € pro Nacht. (3) **Camping Aurora**. Via San Vito, 10 A. 22010 Cremia-San Vito. 0344 86244. www.windsurf-cremia.it. Kleiner Platz am Strand mit insgesamt 35 Stellplätzen.

Gut essen in **Cremia**

Das ‚**La Baia**' ist aufgrund seiner Atmosphäre interessant. Frazione San Vito, 22010 Cremia. 0039 0344 8629. www.ristorantelabaia.it. Empfehlenswert ist auch das Restaurant des Hotel Lumin.

Dervio

Das etwas verschlafen wirkende Dervio liegt auf einer Halbinsel, die der Fluss Varrone im Laufe der Jahrhunderte aus mitgeführtem Gestein aufgeschwemmt hat. Der Charme dieses unauffälligen Fleckens Erde ist für viele erst auf den zweiten Blick erkennbar. Ein großer Pluspunkt ist die gelungene Gestaltung des Uferbereichs: **Lange Spaziergänge an der Hafenanlage** vorbei zu den zahlreichen **Bademöglichkeiten** sind ohne Hindernisse möglich. **Strandlokale** sorgen für einen angenehmen Aufenthalt. An vielen Stellen ist Wassersport möglich, die Segelvereinigung Orza Minore vermietet Boote und bietet ein umfangreiches Kursangebot.

Kulturell interessierte Besucher treffen in Dervio auf sehenswerte Gotteshäuser, teilweise gut erhaltene Festungsanlagen, im oberen Ortsteil auf Zeugnisse einer in vergangenen Zeiten blühenden Handwerkskunst. Dervio lebte lange von der Eisenindustrie aus den umliegenden Tälern. Nebenbei betätigte man sich im Werkzeugbau und in Steinbrüchen, mit ausschlaggebend für die Eröffnung der Eisenbahnstrecke zwischen Bellano und Colico im Jahre 1894. Wer die schmale Talstraße in die östlichen Berge fährt, bemerkt immer wieder Lastenseilbahnen, die für den Transport des Gesteins genutzt wurden. Das eigentliche Ziel dieser Strecke ist natürlich die beeindruckende Bergwelt mit dem Legnone-Massiv. Im hiesigen Kino werden gelegentlich deutsche Filme mit italienischen Untertiteln gezeigt. Einmal im Jahr, meist im Juli, findet hier das ‚**Dervio Festival Internazionale Cinema d'Animazione e Fumetto**', ein Filmfestival für Animationsfilme, statt. Cineteatro Paradise. Via Don Invernizzi, 34.

Das Castello di **Orezia** und das **Castelvedro**

Die gut erhaltene Wehranlage aus dem 14. Jahrhundert, leicht oberhalb des Ortes in der gleichnamigen Fraktion, ist eigentlich ein Turm, der ursprünglich zum Schloss Orezia gehörte. Führungen erfragen Sie am besten im Tourismusbüro. Vom etwas südlich des Castello di Orezia gelegenen, etwas älteren Castelvedro sind nur noch einige Mauerfragmente erhalten. Einst soll es eine Fläche von 1 500 m² umfasst und bis zum See hinunter gereicht haben.

Die Pfarrkirche Santi Quirico e Giulitta

An der Brücke über den Gebirgsbach direkt an der Straße liegt diese Pfarrkirche mit dem auffälligen quadratischen Kirchturm aus dem 11. Jahrhundert. Sie wurde im 17. Jahrhundert renoviert und umgestaltet, der Turm blieb unversehrt. Das seenswerte Bild über dem Altar zeigt eine Mutter, die sich weigert, das Christentum zu verleugnen. Die Pfarrkirche SS. Pietro e Paolo liegt in Seenähe, nur der Parkplatz stört ein wenig. Die ursprünglich romanische Kirche wurde später mit Barockelementen verändert. Sehenswert sind die Taufschale aus schwarzem Marmor und die aus Holz filigran gearbeitete und vergoldete Kanzel.

Schwer zugängliches Tal: Das Valvarrone

Das schöne, schwer zugängliche Valvarrone-Tal, das sich der gleichnamige Fluss gegraben hat, beherbergt neben dem Zugang zum Monte Legnoncino auch vier interessante Dörfer, die malerisch an den Berghängen ‚kleben': **Introzzo**, **Sueglio**, **Tremenico** und **Vestreno**, allesamt zur Gemeinde gehörend. Insgesamt bringen sie knapp 1 000 Einwohner zusammen. Der Weg dorthin über eine sehr schmale, im weiteren Verlauf einspurige Straße ist beschwerlich, doch der Trip durch die magische Landschaft entlang den Berghängen, mal tief verwaldet, mal mit freier Sicht auf die umliegenden Bergriesen, ist ein Erlebnis. In Introzzo lohnt ein Besuch der Kirche St. Antonio Abate. In Sueglio sind es die Pfarrkirchen San Martino und San Bernardino, in Tremenico St. Agate und Oratorio di S. Carlo, alle aus dem 15. bis 16. Jahrhundert. Infos unter www.unionevalvarrone.it

Der Nachbarort Corenno Plinio

Die alte Dorfstruktur ist fast vollständig erhalten, an keinem anderen Ort am Comer See kann man das Leben im Mittelalter besser nachempfinden. Mittelpunkte der Ansiedlung sind das **Schloss von Corenno** aus dem 14. Jahrhundert und die angegliederte Kirche San

Tomasso di Canterbury. Leider ist die Burg nicht zu besichtigen, allenfalls bei einer kleinen Umrundung zu erahnen, denn außer hohen Mauern ist nicht viel zu sehen. Die Wege durch das Dorf sind eng, von Arkaden überzogen und reich geschmückt. Trotzdem wirkt alles düster und geheimnisvoll. Parken Sie direkt neben der Burg auf altem Kopfsteinpflaster unter alten Platanen.

DAS ENSEMBLE IN CORENNO PLINIO IST NAHEZU PERFEKT!

Das Dach der Region: Der **Monte Legnone**

Ausgangspunkt für die kürzeste Besteigung des Legnone ist das berühmte **Rifugio Roccoli Lorla**. Die auf 1 463 Meter Höhe liegende Hütte verfügt über einen Parkplatz, sodass man einige Höhenmeter dem Auto überlassen kann, was Kräfte für den Gipfel spart. Zudem gibt es zünftige Verpflegung samt Picknick-Tischen, die ‚obligato' sind, wie der Italiener sagt. Das Rifugio hat vom Juni bis September täglich geöffnet, in den übrigen Zeiten nur am Wochenende. Um von hier aus auf den Monte Legnone zu gelangen, rechnet man rund drei bis vier Stunden für die einfache Strecke. Der nur an einigen Stellen schwierige Aufstieg, der durch Seile bzw. Stufen und Leitern gesichert ist, erfordert eine gehörige Portion Ausdauer und ein wenig Erfahrung. Sobald Sie den Wald hinter sich lassen, folgt ein Highlight dem anderen. Die landschaftlich sehr abwechslungsreiche Bergwanderung sollte unbedingt bei klaren Sichtverhältnissen durchgeführt werden, ansonsten wird man um seinen verdienten Lohn gebracht. Der mit 2 609 Metern höchste Berg am Comer See bildet den nördlichen Abschluss der Bergamasker Alpen, dahinter schließen sich die mächtigen Berge des Veltlin mit so berühmten Orten wie Davos und St. Moritz an.

Leichte Gipfeltour: **Der Monte Legnoncino**

Wer sich nicht auf den Legnone traut, der versucht es mit dem kleineren Bruder, dem Monte Legnoncino. **Der im Süden des Legnone liegende Berg ist 1 700 Meter hoch und in ca. einer Stunde gut zu erreichen.** Auch vom Gipfel des Legnoncino hat man einen atemberaubenden Blick auf den Comer See. Die Straße zum Rifugio hinauf ist sehr schmal. Begegnungen mit entgegenkommenden Fahrzeugen erfordern starke Nerven, was für die Italiener kein Problem zu sein scheint. Ein Navigationssystem ist zu empfehlen. Am Wochenende sollten Sie die Auffahrten allerdings vermeiden, da es dann gewöhnlich sehr voll ist. Denn auch für die Anwohner des Lago ist der Berg ein beliebtes Ausflugziel und am Wochenende gibt es ‚Barbecue e Vino' an jeder schönen Stelle des Geländes.

Übernachten in Dervio

Leider gibt es in Dervio kein Hotel. Dafür ist die Anzahl an Pensionen (B&Bs) entsprechend größer. (1) **Villa Stefy**. Via Val Varrone, 28. 23824 Dervio. 0341 804383. www.villastefy.net. Die stilvolle Villa hat eine schöne Lage an der Straße ins Valvarrone. Preise ab EUR 50,00 (DZ). (2) **Bed & Breakfast Lario**. Via Guglielmo Marconi, 4.23824 Dervio. 0341 820404. www.bblario.it. Zentral gelegenes Haus. Preise ab EUR 50,00 (DZ). (3) **Camping Europa di Manni**. Via Guglielmo Marconi, 10. 23824 Dervio. 0341 850289. Gepflegter städtischer Platz am südlichen Ortsrand, nur durch eine Nebenstraße vom Ufer getrennt. (4) **Camping Turisport**. Lungolago Ulivi, 5. 23824 Dervio. 0341 804290. www.turisportdervio.it.

Gut essen in Dervio

(1) **Crotto del Cech**. Via Duca d'Aosta, 55. 23824 Dervio. 0341 804227. Traditionelle Küche der Lombardei, auch aus anderen Regionen wie Toskana, Trentino, Südtirol und Ligurien. Angeboten werden z.B. Ribollita, Ravioli mit frischen Kräutern, Gnocchi, Tintenfisch und andere Gaumenfreuden. (2) Pizzeria le Vele. Via Lungolago degli Ulivi, 5. 23824 Dervio. 0341 806120. Hier genießen Sie Ihre Pizza direkt am Ufer des Comer Sees.

Domaso

Dieses alte Fischerdörfchen am nördlichen Ausläufer des Comer Sees hat sich sein charakteristisches Ortsbild mit engen Gässchen und steil zum See abfallenden Straßen unverfälscht erhalten. **Die südliche Seepromenade** mit den alten, in verschiedenen Farben getünchten Fassaden entzückt auch das prosaischste Urlaubergemüt. Selbst die kiefergesäumte Durchgangsstraße in vorderster Linie stört hier kaum. Der nördliche Dorfteil besticht durch ein gutes Angebot an Restaurants und Pizzerien. Campingplätze, Ferienwohnungen und andere Unterkünfte reihen sich aneinander. Am nördlichen Ortsende schließlich befinden sich sowohl der alte als auch der neue, noch im Bau befindliche, Yachthafen.

Das Flüsschen **Torrento di Livo** trennt die beiden unterschiedlichen Ortsteile. An seinem Ufer entlang führen mehrere Wanderwege hinauf in die Bergwelt oberhalb des Ortes, einem fast endlosen Wander- und Mountainbikegebiet, das sich bis an die Schweizer Grenze zieht. Hauptanziehungspunkt des Ortes sind allerdings die weitläufigen Uferanlagen entlang der markanten Halbinsel zwischen Flussmündung und Yachthafen. Hier tummeln sich jedes Jahr Tausende von Urlaubern, die sich darin üben, die Kraft des Windes zu bändigen und in Vortrieb umzuwandeln. Mehrmals im Jahr finden auf dem nördlichen See international besetzte Segelregatten statt.

Die Villa Camilla

Ein touristisches Highlight des Ortes ist die im 17. Jahrhundert erbaute **Villa Camilla** am nördlichen Ende des alten Stadtkerns. Das klassizistische Gebäude, heute Rathaus von Domaso, bietet Raum für kulturelle Veranstaltungen. Im rund 8 000 m^2 umfassenden Garten findet man die für die Region typischen Gewächse Kamelie, Azalee, Zeder sowie weitere Nadelgehölze. Das Anwesen gehörte einst der Adelsfamilie Segrebondi, die den Besitz 1955 der Kommune übergab. Im Sommer finden regelmäßig Veranstaltungen statt, vor allem in den Gartenanlagen. Der Stadtteil hinter der Villa Camilla bildet zusammen mit den Straßen im südlichen Verlauf den Altstadtbereich von Domaso.

Die **Chiesa di San Bartolomeo**

Die liebevoll renovierte **Chiesa San Bartolomeo** am Flüsschen Livo stammt den Angaben zufolge aus dem 13. Jahrhundert, während die jüngsten baulichen Veränderungen um 1730 erfolgten. Die Pfarrkirche beinhaltet sehenswerte Fresken und Stuckarbeiten aus dem 16. Jahrhundert. Die barocke Holzausstattung wie die alte Orgel, die reich verzierte Kanzel, die Chorempore und die Beichtstühle sind als sehr opulent zu bezeichnen. **Weiterhin gibt es ein Prozessionskreuz aus dem 16. Jahrhundert**, das vom Künstler Lierni aus Como stammt. Bemerkenswert ist das Altarbild mit der Madonna mit dem Kinde und dem HeiligenPetrus, das Pier Francesco Morazzone zugeschrieben wird.

Die **längste Strandpromenade** am See

Der Spaziergang beginnt an der Anlegestelle in Richtung Norden. Leider verläuft der Weg nicht vollständig am Ufer entlang, da der Fluss Liro die direkte Verbindung zwischen Altstadt und dem neueren Ortsbereich unterbricht. Der kleine Umweg gereicht jedoch nicht zum Schaden, kommen Sie auf diese Weise doch am Tourismusbüro vorbei, wo Sie sich mit weiteren Infos versorgen können. Weiter führt der Strandweg an der dichtesten Ansammlung von Campingplätzen am See vorbei, die Windsurfer haben hier ihr Zuhause. **Es gibt viele Rastmöglichkeiten und kleine Cafés**, um dem bunten, sportlichen Treiben zuzusehen. Der Weg endet am neuen Yachthafen von Domaso, an dem es noch freie Anlegestellen gibt!

Steife Brise für Windsurfing

Nirgends am Comer See sind die Windverhältnisse besser als in Domaso, zumindest nach Meinung vieler Wassersportler am dortigen Strand. **Die Breva weht von Februar bis Oktober**. Je nach Tageszeit beträgt ihre Stärke ein bis sechs Bft. Weht der Wind allerdings, begünstigt von einer Föhnwetterlage, aus Nord, werden Stärken von bis zu neun Bft. erreicht. Eine Reihe von Windsurfschulen gedeihen hier, von denen das Windsurfcenter Domaso zu den bekanntesten gehört. **Das bunte Treiben der einschlägigen Szene verleiht Domaso sein besonderes Flair**. Doch auch Familien treffen auf optimale Urlaubsbedingungen, da es hier die besten und längsten Strände des Comer Sees gibt: fast drei Kilometer zieht

BEACHLIFE MIT BLICK AUF DIE SEEMITTE

sich der Strandbereich von der Einmündung des Flusses Livo (Torrento di Livo) bis zum nördlichen Ortsende. Zusätzlich gibt es ein Wasserskizentrum, Tennisplätze, eine Minigolfanlage und eine Mountainbike-Schule mit Radvermietung. Wer es exklusiver liebt, dem stehen Angebote für Fluss-Trekking, Paragliding oder Kanu- und Kajakfahrten zur Verfügung.

Rund um Domaso hat sich ein riesiges Angebot an Wassersport-Anbietern etabliert. Hier nur eine kleine Auswahl an Empfehlungen: **Windsurfcenter Domaso**. 380 7000010. www.windsurfcenter-domaso.com. **Dynamic Sporting Club Vercana**. 0041 787 305424. www.windsurfdynamic.com. Am nördlichen Ende des großen Strandabschnitts befindet sich das Centro Nautica Domaso. Das Bootszentrum bietet Service rund um den nautischen Sport mit (Gast-)Liegeplätzen, Reparatur- und Wartungsservice. **Nautica Domaso**. Via case Sparse, 248.22013 Domaso. 0344 96255. www.nauticadomaso.it.

Schöner Ausblick: **Vercana**

Vercana ist ein kleiner Ort oberhalb von Domaso auf ca. 350 m Höhe. **Der schöne Dorfplatz mit der sehenswerten Kirche San Salvatore** bietet einen schönen Weitblick über den oberen See. Hier oben gibt es zahlreiche und sehr beliebte Ferienunterkünfte. Im Ortsteil Piazzo sorgt das Agriturismo Ruchee mit lokaler Kulinarik für gelungene Abwechslung im Fewo-Angebot. Rund um die Bergdörfer Arbosto, Càino, Cassera, Lubiana, Obbio und Vico Legnonica gibt es vielfältige Wandermöglichkeiten. Wer eine bewirtschaftete Alm besuchen möchte steigt von Tabiadello aus zur **Alpe Graglio** (1 410 m) auf. Da der Weg nicht immer leicht zu finden ist, ist eine gute Karte unerlässlich.

Die **Monti** di **Vercana**

Zunächst geht es am Livo entlang in Richtung Berge. Nach der Kirche rechts den Fluss überqueren, und der Aufstieg nach Vercana beginnt. Vercana selbst überzeugt mit einer fantastischen Aussicht auf den Comer See. Weiter geht es nach Caino, einem kleinen Dorf ziemlich weit oben am Berg. **An der dortigen Kapelle kann man eine kleine Rast einlegen.** Früher gab es einen Weg von hier hinüber nach Gera Lario, dieser ist allerdings nicht mehr erkennbar und zum Teil gefährlich. An vielen Stellen aber führen landwirtschaftliche Wege weiter in die Monti hinein, über die man sich in den Tourismus-Büros in Domaso und Gravedona informieren kann. Gerne werden auch geführte Wanderungen vermittelt. Das Gebiet ist insgesamt aufgrund der eher flachen Steigungen ein ideales Wandergebiet für Familien.

Urige Bergdörfer: **Peglio**, **Livo** und **Dosso** del **Liro**

Die Bergdörfer oberhalb von Gravedona sind zu Fuß und mit dem Bike auch von Domaso aus erreichbar. Sie zeigen noch Merkmale der früheren bäuerlichen Lebensweise in den Bergen. Unbedingt in der **Trattoria in Livo** einkehren und **Pizza Anja** bestellen!

Bodone und **Monte Duria**

Wer weiter hinauf will, erwandert den **Monte Duria**, den **Lago di Darengo** oder das **Val di Bares** mit seinen erfrischenden Badegumpen. In Wanderführern der Region (auch aus diesem Verlag) finden Sie viele dieser Strecken ausführlich beschrieben. Gerne gibt auch das Tourismus-Büro Auskünfte.

Crotto Dangri, **Lago di Darengo** und **Val** di **Bares**

Eine berühmte Wanderung führt zu einem kleinen Weiler tief in den Bergen von Livo. Das kühle Nass des Liro, ein uriges Berglokal und viel Natur sind Grund genug, hier oben vorbeizuschauen. Das Speisenangebot ist zwar nicht üppig, aber rustikal, eine willkommene Abwechslung zu Pizza und Spaghetti. Crotto Dangri ist auch der Ausgangspunkt für zwei weitere Top-Bergziele, dem Lago di Darengo und dem Val di Bares. Beide Touren sind anstrengend und daher nicht unbedingt für jedermann geeignet. Darengo für Geübte, Val di Bares für Ortskundige.

Übernachten in Domaso

Neben Ferienwohnungen und einigen wenigen Hotels, die man über die Veranstalter buchen kann, bietet Domaso vor allem eine riesige Auswahl an Zeltplätzen. Fahren Sie am besten in die Ortsmitte zum Parkplatz am Tourismusbüro und laufen Sie dann über die Brücke zum Strand. Jetzt sehen Sie, wie sich Campingplatz an Campingplatz reiht. Suchen Sie sich den schönsten aus und sparen Sie sich so das mühsame Manövrieren in den engen Stichstraßen, die von der Hauptstraße in Richtung See abzweigen. (1) **Hotel Europa**. Via Case Sparse, 16. 22013 Domaso. 0344 96044. www.hotelcampingeuropa.com. 26 Zimmer, entspannte Atmosphäre. Frühstück vom Buffet mit Croissants, Müsli und mehr. Preise ab EUR 80,00 (DZ). (2) **Bed & Breakfast San Silvestro**. 22013 Domaso. 0344 83408. www.bbsansilvestro.com. Preise ab 35 € in einem sauberen, gepflegten und ansprechenden Haus. Preis ab EUR 60,00 (DZ). (3) **Hotel Resort Le Vele**. Angenehme Anlage, mitten im Campingplatz. Via Case Sparse 244,, 22013 Domaso. (4) **Camping Villaggio Gefara**. Via Case Sparse, 230. 22013 Domaso. 0344 96163. www.campinggefara.it. In einem ruhigen Areal direkt am Ufer des Comer Sees gelegen. Das Camping-Bungalow-Feriendorf verfügt über eine beschattete Fläche von 10 000 m² und einen breiten Strand. (5) **Camping Le Vele.** 0344 965049. www.levele.domaso.it. Hier können Sie Ihre Ferien in exklusiver Atmosphäre verbringen. Neu sind das Fitness-Zentrum und das 200 m² große Schwimmbad. Etwas teurer, Warmwasser inklusive. (6) **Camping Europa**. Via Case Sparse, 16. 22013 Domaso. 0344 96044. www.hotelcampingeuropa.com. Der Campingplatz erstreckt sich über 10 000 m² und verfügt über modernste Einrichtungen.

Gut essen in Domaso

In Domaso gibt es sehr viele Ristorante/Pizzerien. Die Preise sind insgesamt gemäßigt, Pizza ab 5,50 € für die Margherita, Pasta ab ca. 7 €. Idyllisch sind die Lokale mit Blick auf den See oder mit Terrasse. Am nördlichen Ortsende befindet sich in exponierter Lage die Bootsvermietung Canottieri mit angeschlossener Bar. Verantwortlich für die Gastronomie und die sportliche Seite ist Massimo Bernasconi, der 1993 und 1999 Weltmeister in verschiedenen Segelkategorien war. Das Lokal erwartet Sie mit Kaffee, Panini und kleinen Speisen. (1) **Restaurant Pizzeria Grill Garden**. Via Case Sparse 160. 22013 Domaso. Tel. 0344 95155. Kleines Juwel in der Masse der italienischen Einheitssuppe. Schlichtes Speiselokal mitten im Ort mit schönen Garten. Einfache gute Gerichte zu einfachen Preisen. Urige Sitzgelegenheiten aus Holz, teilweise mit Dach. (2) **Pizzeria Arcobaleno**. Via Case Sparse, 26. 22013 Domaso. 0344 96133. Klassische, gute Pizzeria. Nicht mehr und nicht weniger. Man bekommt zu jeder Zeit noch einen Tisch. Viele Außenplätze. (3) **Ristorante Dei Pescatori**. Via Case Sparse, 219. 22013 Domaso. 0344 96088. www.ristorantedeipescatori.com. Das Ristorante bietet seinen Gästen eine prächtige Terrasse direkt am See mit Panoramablick auf See und Berge des Alto Lario. Direkt neben der Durchgangsstraße.

Dongo

Dongo lebte ursprünglich vom Fischfang. Im 16. Jahrhundert aber eröffnete eine Eisen verarbeitende Fabrik ihre Pforten, wo bis heute in einem riesigen Areal links des Flusses unter der Leitung der Familie Falck produziert wird, was wichtige Arbeitsplätze in der Region sichert. Von Montag bis Samstag ertönt zweimal am Tag die weit bis in die Umgebung hörbare Pausensirene. Doch Dongo ist heute nach Domaso auch der Ort mit den meisten Campingplätzen, was am Lario in der Regel für breite, unbebaute Uferbereiche steht. Und tatsächlich **erstrecken sich in Dongo großzügige Grünbereiche bis zur Ortsgrenze nach Gravedona**. Viele fast noch naturbelassene Grundstücke säumen den Weg, sogar Schafe weiden gemütlich hinter dem Zaun. Im Ort selbst erwarten den Gast einige kleine Kirchlein, für einen kurzen Besuch immer lohnenswert, wenn auch kein ‚Muss'. Schön ist die zentrale Piazza mit Rathaus, Gästeinformation, Cafés und Bars. Auch ein Ristorante findet sich hier.

Am See grüßt der kleine ehemalige Fischerhafen, weiter nördlich der Schiffsanleger in verkehrsberuhigter Zone. Der nördliche Ortsteil beherbergt fast ausnahmslos Bauten neueren Datums, viele Campingplätze und Freizeiteinrichtungen. Gegenüber der Tankstelle lockt eine empfehlenswerte Vinothek mit Wein in jeder Preisklasse (Probieren ist kein Problem). **Geschichtlich spielt Dongo eine wichtige Rolle bei der Gefangennahme Mussolinis** am Ende des Zweiten Weltkriegs. Das hierzu eingerichtete Museum zu Ehren des italienischen Widerstandes sollte man unbedingt besuchen.

Ende Juli findet in Dongo das von der Organisation ‚**Lariosoccorso**' (vergleichbar mit dem Technischen Hilfswerk) veranstaltete ‚**Lariofest**' statt. An insgesamt sechs Tagen steht Dongo im Mittelpunkt von Musikern, Gastronomen und Privatleuten, die alle Besucher kulturell verwöhnen und kulinarisch umsorgen. Jeden Abend ab 19.00 Uhr riecht es verführerisch nach köstlichen Spezialitäten wie Risotto alla saliccetta, Pizzocheri della Valtellina und verschiedenen Polentagerichten. Von Gravedona bis Dongo weitgehend naturbelassener Strandabschnitt mit Schwimmbad. Am Ufer lässt es sich schön entlang spazieren.

Der eigentliche lokale Strand befindet sich gleich rechts hinter der Ortsbrücke (Tankstelle). Wenige Parkplätze an der Kirche.

Geschichtsträchtig: **Der Palazzo Manzi**

Dongo spielt eine bedeutende Rolle in der jüngeren Geschichte: Im Zweiten Weltkrieg versuchte Mussolini nach gescheiterten Verhandlungen mit den Partisanen bezüglich einer Gesamtkapitulation seiner Regierung über das Veltlin in die Schweiz zu gelangen. Er wurde jedoch in Dongo am 27. April 1945 von kommunistischen Partisanen erkannt, gefangen genommen und - zusammen mit seiner Geliebten Clara Petacci – nur einen Tag später in Giulino di Mezzegra bei Tremezzo nach einer Gerichtsverhandlung erschossen. **Im Palazzo Manzi ist diesem historischen Ereignis das ‚Museo della Resistenza' gewidmet.** Die Villa Manzi beinhaltet aber auch die engangiert geführte Tourismusinformation und ein ‚goldenes Zimmer', das auf Anfrage gelegentlich zur Besichtigung geöffnet wird. Ebenso befinden sich darin eine Kapelle zu Ehren der unbefleckten Empfängnis Marias und eine private Bibliothek, alles errichtet von der Familie Manzi.

Mussolinis Ende am **Comer See**

Benito Mussolini kam am 29.07.1883 in der Ortschaft Dovia di Predappio (Emilia Romagna) zur Welt. Politisch war er zunächst den Linksradikalen zuzurechnen, zu dessen führenden Persönlichkeiten er in Italien gehörte. Doch als nach Ausbruch des Ersten Weltkriegs seine Ansichten immer nationalistischer und kriegsbejahender wurden, geriet er zunehmend in Konflikt mit der Sozialistischen Partei. Schließlich wandte er sich den Rechtsradikalen zu. Nach Kriegsende gründete Mussolini die „Nationale Faschistische Partei", die zwar anfangs wenig Zustimmung in der Bevölkerung fand, doch allmählich immer stärker wurde. Zudem begründete Mussolini die **„Faschistischen Kampfbünde"**, paramilitärische Organisationen, die gezielt das politische Klima aufheizten und Unruhen schürten. Im Oktober 1922 erfolgte der so genannte „**Marsch auf Rom**", mit dem Mussolini die Ernennung zum Ministerpräsidenten erzwang. Anschließend festigte er rigoros seine Macht: Wahlgesetze wurden geändert, Oppositionsparteien verboten, politische Gegner ausgeschaltet. Mussolini errichtete die faschistische Diktatur. Stand Mussolini Hitler in dessen Anfangsjahren noch skeptisch gegenüber, erkannte er bald nach Hitlers Machtergreifung im Jahr 1933 seine Fehleinschätzung. Bewundernd beobachtete er, mit welchen Tempo Hitler seine Macht in Deutschland festigte und eine Diktatur errichtete. Dennoch hatte er Hitlers Kriegsplänen gegenüber eine ablehnende Haltung. Italien war keineswegs friedlich, aber auch nicht in der Lage, einen Krieg zu führen, wie Hitler ihn sich vorstellte. **Doch mit der Zeit geriet Mussolini unter Druck**. Um nicht als Feigling zu gelten, ließ er sich an Hitlers Seite in dessen Kriegspläne einbinden: Die Achse „**Berlin-Rom**" entstand. Nach dem Beginn des Zweiten Weltkriegs im September 1939 rüstete Italien massiv auf, trat aber erst 1940 nach den Erfolgen Deutschlands an dessen Seite in den Krieg ein. Mussolini rechnete fest damit, auf der Siegerseite zu stehen. Doch die Feldzüge Italiens waren schlecht geplant, das Heer mangelhaft ausgerüstet, eine militärische Katastrophe zeichnete sich ab. So dauerte es nicht lange, bis die deutsche Wehrmacht in die Feldzüge Mussolinis eingriff. **1941 erklärte Mussolini den USA den Krieg**, außerdem nahm Italien am deutschen Russland-Feldzug teil. Doch die militärischen Misserfolge der Wehrmacht besiegelten auch das Schicksal Mussolinis, der schließlich am 25. Juli 1943 vom Großen Faschistischen Rat entmachtet wurde. Zu diesem Zeitpunkt waren die alliierten Truppen bereits in Süditalien gelandet. Nach seiner Absetzung wurde Mussolini festgenommen und interniert. Am 8. September 1943 schloss Italien mit den Alliierten einen Waffenstillstand, woraufhin deutsche Truppen Italien besetzten. Hitler ließ Mussolini aus seinem Gefängnis in den Abruzzen befreien und setzte ihn als Kopf einer Marionettenregierung, der Italienischen Sozialrepublik, ein.

Als die militärische Lage für die Verbündeten immer verzweifelter wurde, unternahm Mussolini einen Fluchtversuch in die Schweiz. Er mischte sich unter eine Abteilung deutscher Soldaten, benutzte ein Fahrzeug der Wehrmacht und trug einen deutschen Militärmantel. Doch die Verkleidung schützte ihn nicht. **Er wurde am 27. April 1945 von kommunistischen Partisanen erkannt und in Dongo am Comer See gemeinsam mit seiner Geliebten Clara Petacci und 15 weiteren Anhängern festgesetzt.** Als das Oberkommando der Alliierten von der Verhaftung Mussolinis erfuhr, verlangten sie mit Nachdruck dessen Auslieferung. Doch dies ließen die Partisanen nicht zu. Einen Tag nach ihrer Verhaftung wurden die Gefangenen nach Giulino di Mezzegra transportiert, in einer improvisierten Verhandlung zum Tode verurteilt und standrechtlich erschossen. Anschließend wurden die Leichen von Mussolini, Clara Petacci und der übrigen Gefolgschaft nach Mailand zur Piazzale Loreto geschafft, wo kurz vorher italienische Widerstandskämpfer von den Deutschen erschossen worden waren. Die Bevölkerung schändete die Leichen, bevor sie kopfüber an einer Tankstelle aufgehängt und zur Schau gestellt wurden. Kurz darauf wurde Mussolini auf einem anonymen Gräberfeld des Mailänder Friedhofs Cimitero del Musocco beigesetzt. Am 23. April 1946 wurde die Leiche von Faschisten entführt und versteckt und erst im Jahr 1957 in der Familiengruft in Predappio bestattet.

Die **Chiesa di Santo Stefano**

Der mächtige Kirchenbau aus dem 12. Jahrhundert gehört zu den größten am Comer See. Das dreischiffige Gotteshaus wirkt aufgeräumt, sofort fällt die hölzerne Kanzel ins Auge. Auch die Deckenmalereien sind neben anderen Fresken beeindruckend. Hauptsächlich im 16. und 17. Jahrhundert wurden zahlreiche Änderungen und Ergänzungen vorgenommen. Parken ist direkt vor der Kirche möglich.

Der **Uferweg von Dongo nach Gravedona**

Für einen stimmungsvollen, abendlichen Spaziergang eignet sich der **Uferweg zwischen Dongo und Gravedona**, einem der schönsten am Comer See. Der gut befestigte Weg beginnt in Dongo am Badeplatz hinter dem Ortszentrum bei der Kirche Santo Stefano und verläuft direkt am Seeufer, hinter dem sich Freiflächen, großzügige Ferienhäuser oder Campingplätze befinden. Über Consiglio di Rumo erreicht man nach zwanzig Minuten Gravedona mit dem schönen Badestrand und der Möglichkeit an der Promenade im Ort einen Aperitivo oder einen Capuccio zu genießen.

IN DER ABENDSTIMMUNG BESONDERS SCHÖN

Sehenswertes Tal mit zwei Touren

In den Bergen hinter Dongo verbergen sich die Teilorte Stazzona, Germasino und Garzeno. Von letzterem lässt es sich familientauglich zum (1) **Rifugio Mottafoida** wandern, allerdings teilweise auf der Straße, die aber kaum befahren ist. Von dort bieten sich weitere interessante und alpinere Touren an, die bis an die schweizerische Grenze gehen. Garzeno ist ein lebendiges Bergdorf oberhalb von Dongo. Im Dorfkern wirkt der Ort mit der Kirche San Pietro im Zentrum sehr ursprünglich. Einige bedeutsame Fresken schmücken das Gotteshaus aus dem 17. Jahrhundert. Rund um die Kirche drängen sich enge Gassen und uralte, fast schon verfallene Häuser. Über Catasco und weitere Bergdörfer erreicht man - einem Teilstück des AVL folgend - nach ca. 3,5 h den Gipfel des mächtigen Monte Bregagno, der das Gebiet zwischen Dongo und Menaggio maßgeblich bestimmt. Nach Westen am Fluss Albona entlang verläuft Dongana-Tal bis zur Grenze zum Tessin. In früheren Zeiten diente eine anfangs sehr schmale Straße als wich-

DIE SANTA EUFEMIA MIT PANORAMABLICK

tiger Handelsweg in die Schweiz. Heute zieht der (2) **St. Jorio-Pass** mit seinen Wander- und Klettervarianten zahlreiche Wanderer und Mountainbiker an.

Aufstieg zur **Kapelle Santa Eufemia**

Eine kleine, aber sehr lohnende Tour ist der Aufstieg zur Kapelle Santa Eufemia, die südlich oberhalb Dongos liegt und in gut 45 Minuten zu erreichen ist. Ein günstiger Einstieg in den Wanderpfad liegt hinter der Kirche Santa Maria in Martinico, ca. 300 m bergseitig hinter dem Rathaus. Wer noch nicht genug hat, verfolgt die Wegspur weiter nach Süden. Die Strecke ist jetzt Teil der 6. Etappe der historischen **Strada Regina**. Es geht ein wenig bergab und bald schon erreichen Sie den Ort **Musso**, der von Dongo nur durch einen gewaltigen Felsen getrennt ist. Durch die einzelnen Teilorte Mussos und weitere Bergdörfchen geht es weiter bis **Pianello del Lario**. Bleiben Sie immer auf halber Höhe zum Berg, bis Sie den Ort erreichen, der quasi das Ende der Bucht darstellt.

DIE WANDERUNG ZUR KAPELLE SANTA EUFEMIA

Motorboot-Schule und Verleih

In Dongo lässt sich problemlos das Segeln erlernen. In der Segelschule ‚**skiffsailing**' am Uferbereich werden Kurse in italienischer und englischer Sprache abgehalten. Auf Anfrage können Sie hier auch ein Segelboot mieten. Viele Fahrzeugtypen wie Jollen, Kreuzer und auch Katamarane stehen zur Wahl. Direkt neben der Segelschule befindet sich eine weitere Bootsvermietung mit zahlreichen Motorbooten, die führerscheinfrei bis 40 PS gefahren werden können. Folgen Sie ab der Hauptstraße vor Gravedona einfach den zahlreichen Hinweisschildern (rent a boat). Für das eigene Boot stehen am See Slipanlagen (meist) kostenlos zur Verfügung, notfalls fragen Sie beim Hafenmeister nach. Bei der Sportanlage gibt es auch ausreichend Parkplätze, nicht weit vom Ufer entfernt. Rent a Boat. www.rentland.it. skiffsailingitalia. www.skiffsailing.it.

Übernachten in Dongo

Mit Hotels und Pensionen sieht es in Dongo mager aus. (1) **B&B Zia Lina**. Via Pietro Calvo, 4. 22014 Dongo (CO). 0344 82670. (2) **Campeggio Alla Vigna del Lago**.

Via Vigna del Lago, 58. 22014 Dongo. 0344 81488. Am Ufer des Comer Sees an der Mündung des Flüsschens Albano gelegen, wurde der Platz 2009 geteilt. Zugang über die alte Einfahrt. (3) **Camping Magic Lake**. Via Vigna del Lago, 60. 22014 Dongo. 034480282. www.magiclake.it. Dieser neue Campingplatz verfügt über 50 Standplätze mit Stromanschluss (220V / 6 A). Moderne Sanitäranlagen mit Duschen, warmes Wasser gratis, behindertengerechte Toiletten, Waschmaschinen, Camperservice und eine geräumige Bar. Gehört zu den besseren Plätzen am Comer See. (4) Camping La Breva. Via Cimitero, 19. 22014 Dongo. 39 0344-80017. Der erste Campingplatz nach Verlassen der Altstadt. Schönes Gelände mit öffentlichem Strand in unmittelbarer Nähe.

Gut essen in Dongo

(1) Trattoria Crottone. Via Crottone, 2. 22010 Dongo. 0344 81475. www.crottone.it. Traditionsreiches Lokal aus dem 15. Jahrhundert mit Hausmannskost wie Polenta mit Schweinshaxe (klingt im Italienischen viel schöner). Bietet auch feine Weine und Käse. (2) **La Lampara**. Via Don Giovanni Manzi, 9. 0344 81376. Klassisches Ristorante/Pizzeria.

DORIO LIEGT TERRASSIERT AM FUSSE DES LEGNONCINO.

Das terrassenförmig am Hang gelegene und sonnenverwöhnte Dorf setzt sich aus den Teilorten Mandonico, Panico, Torchiedo und Solmogno zusammen. In der Ortsmitte gibt es einen Zugang zum See, einige Geschäfte und Parkplätze. Die Urlaubsangebote sind überschaubar, so findet sich nur etwa 500 m vor dem Ortseingang eine schöne Ferienanlage mit Pool. Der Ort an der Durchgangsstraße hieß ursprünglich Salmogno, bevor auch er im Jahre 1670 den Namen Dorio annahm. Die Siedlung Mandonico besteht aus z.T. sehr alten Gebäuden, auch die Wanderwege hier oben sind noch gänzlich ursprünglich.

Die schon lange am Ort ansässige Familie Navi soll den reißenden Sturzbach in längst vergangenen Zeiten als Antrieb für Maschinen zur Seidenproduktion genutzt haben. **Besuchenswert sind die Kirche San Giorgio** mit interessanten Fresken, die Kirche Madonna Immacolata im Teilort Sparese und die Kirche San Rocco. Die Kapelle St. Giorgio, etwas oberhalb des Ortes, hat eine bewegte Vergangenheit, wurde mehrmals wieder aufgebaut, erweitert, umgewidmet. Kürzlich erst wurden die Wandbilder restauriert, die u.a. den Heiligen Geist und die Jungfrau Maria mit dem Kinde darstellen. In der Nähe befindet sich die **Abazzia Piona** (eine Abtei), eine interessante und sehenswerte Klosteranlage. Über Olgiasca (sprich: Olgiascha) der Straße bis ans Ende der Halbinsel folgen.

Übernachten in Dorio

(1) **Residence Turistico Alberghiero Oasi dei Celti**. Via Piave, 31. 23834 Dorio. +39 0341 821323. www.oasideicelti.com. Beeindruckende Anlage in Traumlage mit ca. 40 Wohneinheiten und beheizbarem Pool. (2) Riflessi di Lago. Herausragender Blick vom Balkon; modern eingerichtet. Via Sandro pertini 7. (3) **Residence Il Poggio**. Schöne Apartments mit Aussicht und Pool. www.ilpoggiodorio.it.

Gut essen in Dorio

(1) **Il Crottino**. Sehr schmackhafte Pizzocheri. Localita Garavina 2. +39 0341 940381. www.crottino.it. (2) **Ristorante M.D**. Ordentliche Küche im Zentrum. Via Piave 6, 23824 Dorio. +39 0341 804444.

Gera Lario

Die weiten Flächen rund um den Ortskern von Gera Lario bieten viel Raum für ausgiebige sportliche Betätigung. Da Wassersport an erster Stelle steht, ist die Infrastruktur auch optimal darauf abgestimmt: **vom modernen Yachthafen über Freibad und Surfschule ist alles vorhanden**, außerdem überzeugen die schöne Uferpromenade und ein großer Kinderspielplatz. An der Hauptstraße liegen einige Snackbars, ein Hotel und verschiedene Ristorante. Kleinere Alimentari sorgen für die tägliche Verpflegung. Die Bergwelt nordwestlich des Ortes bietet Wandermöglichkeiten in jeder Schwierigkeit. Die Wege sind in der Regel gut ausgeschildert, zum Ausgangspunkt fährt man meist eine halbe Stunde **in die Bergdörfer Bugiallo und Montemezzo** auf ca. 1 000 m. Unterwegs trifft man auf Bauernhöfe, die ihre Gäste mit regionalen und meist selbst hergestellten Lebensmitteln versorgen. Die Sicht von hier oben ist traumhaft. In der Römerzeit gegründet, lebte die Ansiedlung zunächst vom Fischfang und der Landwirtschaft. Ein Zeugnis für die Besiedelung der Römer, ein Steinfund, kann im archäologischen Museum in Como bewundert werden. Besagter Stein wurde übrigens zwischenzeitlich als Türsturz einer Scheune verwendet, ehe Sachverständige das Relikt an dem ungewöhnlichen Ort als Überbleibsel römischer Bautätigkeit erkannten. Vom Fischfang enttäuscht, widmeten sich findige Leute der Seidenraupenzucht. Die Fäden aus den Kokons der Seidenraupen wurden in Como und Lecco zu Seide weiterverarbeitet.

Die Lage direkt an der römischen Straße Via Regina war strategisch höchst günstig, das Nadelöhr zwischen See und Berg hart umkämpft, vor allem während der Auseinandersetzungen mit den Graubündenern aus dem angrenzenden Veltlin. **Noch heute zeugen einige alte Wach- und Zolltürme von der damaligen Zeit**. Die bedeutendste Kirche am Ort ist dem heiligen Vincent gewidmet. Das Bauwerk stammt aus dem 12. Jahrhundert und wurde seither (vor allem im 16. Jahrhundert) immer wieder verändert, sogar die Ausrichtung des Kirchenhauptschiffs. Heute erstrahlt es in renovierter Form. Mitte des 20. Jahrhunderts legte der Archäologe Mario Belloni Reste römischer Baustruktur und ein Mosaik - ebenfalls aus dieser Zeit - frei. **Nördlich des**

Hafens befindet sich ein großzügiger Badeplatz mit ausgedehnter Liegewiese. Sie parken am Hafen oder in nördlicher Richtung vor der Tankstelle im Freizeitbereich. Nach trockenen Sommern geht der Wasserstand im Herbst rapide nach unten, das Ufer ist dann nicht mehr so schön anzusehen. In der Nähe des Hafens befindet sich ein frei zugängliches Freibad, allerdings mit fraglicher Wasserqualität (Algen).

Gewinn für den Ort: **Der Freizeitbereich am See**

In Gera Lario ist der Hafen- und Uferbereich vor Jahren attraktiv und großzügig umgestaltet worden. **Der Sport steht im Mittelpunkt**, weniger das Drumherum. Ungefähr in der Mitte des Städtchens führt ein Spazierweg zum See hinab. Von dort aus schlendert man sehr schön in Richtung Norden bis kurz vor Sorico am äußersten Ende des Lagos. Hier ergießt sich der Fluss Mera in den Comer See, noch weiter nördlich sammelt er sich im **Lago di Mezzola**. Eine direkte Verbindung zum Naturschutzgebiet Pian di Spagna sucht man allerdings vergeblich, erst nach ein paar hundert Meter auf der Straße erreicht man das Verwaltungsgebäude des Parks. Wassersportlern bietet Gera Lario ein ideales Revier: Neben den waghalsigen Windsurfern haben sich auch die Kitesurfer etabliert, die mit Hilfe eines Brettes im Wasser und eines kleinen Gleitschirms in der Luft hohe Geschwindigkeiten und große ‚Flughöhe' erreichen. Ganz ohne Wasser kommen die Paraglider aus, für die hoch über dem Ort eine Absprungrampe gebaut wurde. Absprünge sind allerdings nach Angaben der Aktiven nur bis mittags zu empfehlen, da die Breva, der thermische Südwind, die Landung im Tal erschweren kann.

Gera Lario ist der Ausgangspunkt vieler Bergtouren am Nordende des Comer Sees. Die Abzweigung von der großen Uferstraße nach Montemezzo führt den Bergsportler in eine großartige Landschaft mit dem **Sasso Canale** als Oberhaupt. Aber auch die andern Gesellen, wie z.B. der **Monte Berlinghera**, haben ihren Reiz und sind auch für weniger trainierte Wanderer erreichbar. Mit 2 411 Metern gehört der Sasso Canale zu den höchsten Erhebungen im Norden des Comer Sees. Weit oberhalb von Gera Lario stellt der Berg eine lohnende Gipfelwanderung für Geübte mit wunderbarer Aussicht dar. Mit dem Auto geht es bis zu dem Parkplatz der Kapelle San Bartolomeo. Fahren Sie zunächst Richtung

Montemezzo, später Bugiallo und Peledo. An der Kapelle folgen Sie der Beschilderung bzw. der gelb-roten Markierung. Mit rund vier Stunden für den Aufstieg und zweieinhalb Stunden für den Abstieg ist dies eine durchaus ambitionierte Tour.

Übernachten in Gera Lario

(1) **Hotel Le 5 Case**. Via 5 Case. 22012 Gera Lario. 0344 84119. www.le5case.com. Das Hotel liegt in Toplage direkt am See, mit großem Garten, Parkplatz, Bootsanleger, Strand und Restaurantterrasse für die Sommermonate. Alle Zimmer sind mit Dusche/WC, Föhn, Telefon, TV, Radio, Zimmertresor und Internetpoint ausgestattet. Preise ab EUR 79,00 (DZ). (2) **Albergo Lario**. Via Regina, 37. 22012 Gera Lario. 0344 84686. www.albergolario.it. Zentral gelegene Unterkunft mit liebevollem Service. Essen kann man im gleichnamigen Ristorante. (3) **Cascina Borgo Francone**. Loc. Pian di Spagna, 22010 Gera Lario. 0334 64 31783. www.cascinaborgofrancone.com. Im Landschaftsschutzgebiet Pian di Spagna gelegenes Landgut mit Ferienwohnungen, Warmwasserschwimmbad, Tennisplätzen und organisierten Bird-Watching-Touren. Preise ab EUR 60,00 (Person).

Gut essen in Gera Lario

In Gera Lario isst man fast ausschließlich in den Restaurants der beiden Hotels am Ort, z. B. das des **Albergo Ristorante Lario** mit sonniger Terrasse. Desweiteren gibt es die Snackbar Pace an der Hauptstraße. Das Cafe am Hafen ist relativ neu, liegt sehr schön und bietet kleinere Gerichte an.

Gravedona

Gravedona ist eines der wichtigsten Urlauberzentren am Comer See. Schon die malerische Seepromenade mit den renovierten und in italienischen Farben gestrichenen Häusern ist ein Besuchermagnet. Die Gemeinde weiß um die Bedeutung des Ortes für den nördlichen See und sorgt daher für die nötigen Strukturen, die Touristen zunehmend auch erwarten. Ein kleiner Supermarkt an der Uferstraße versorgt Gäste und Einwohner mit Dingen des täglichen Bedarfs, mehrere Eiscafés und viele Restaurants versüßen den Aufenthalt. Da das Städtchen in der Vergangenheit im Zentrum weltlicher und kirchlicher Interessen lag, besitzt Gravedona heute noch zahlreiche Baudenkmäler und Kunstwerke von seltener Schönheit.

Die Wirtschaft des Ortes gründete sich ursprünglich auf den Fischfang, die Landwirtschaft und die Goldschmiedekunst. Heute aber ist der Tourismus eine der wichtigsten Einnahmequellen, und **Gravedonas Ruf als Erholungsort verbreitet sich immer weiter**. Das Angebot an Ferienwohnungen von einfach bis luxuriös ist in den letzten Jahren stetig gewachsen, zahlreiche Hotels und Alberghi kamen hinzu. Gravedona steht aber auch für einen Ort mit hohem Freizeitwert. **Es gibt zahlreiche Sportanlagen**, darunter eine gepflegte Strandanlage, einen Segelclub, ein Sportzentrum mit Tennis- und Fußballplätzen und eine Leichtathletikbahn sowie Radwege, Parkanlagen und einen Trimm-dich-Pfad. Steil über Gravedona befindet sich das Klettergebiet ‚**Sasso Pelo**', wo Freeclimber und andere Kletterer an einer breiten Felswand in unterschiedlichen Schwierigkeitsgraden herausgefordert werden. Im Hinterland locken lohnende Wanderwege und Mountainbike-Strecken in den stillen, Jahrhunderte alten Wäldern der Umgebung.

Höhepunkt des Jahres ist das **Seefest am 14. August** mit der Prämierung geschmückter Fischerboote (Lucie) und einem großen Feuerwerk. Für Blumenfreunde führt am Osterwochenende kein Weg am Palazzo Gallio vorbei. Seit 1972 öffnet dort alle Jahre wieder die traditionelle und einzigartige Kamelien-Ausstellung ‚**Mostra delle Camelie**' ihre Pforten. Zum Rahmenprogramm gehört auch eine Ausstellung mit Bildern und Skulpturen einheimischer Kunstschaffender. Im Som-

mer ist der Palazzo Austragungsort des ‚Master Piano Festival', einer Reihe musikalischer Events mit renommierten Klaviervirtuosen.

Sehr sehenswert: **Chiesa Santa Maria del Tiglio**

Das im südlicheren Teil Gravedonas direkt am See liegende Gotteshaus gehört zu den bedeutendsten Kirchenbauten Oberitaliens. Es wurde in seiner heutigen Form im 12. Jahrhundert auf den Grundmauern einer dem Täufer gewidmeten Taufkapelle aus dem 5. Jahrhundert erbaut. Die Kirche zeigt innen wie außen eine klare schnörkellose Struktur aus hellen und dunklen Steinen, die im Inneren von einer **Vielzahl an Freskomalereien** aus dem 14. und 15. Jahrhundert unterbrochen wird. **Besonders beeindruckend sind die Darstellungen Jo-**

DER PRÄCHTIGE ALTAR

hannes des Täufers. Die nur wenige Schritte abseits der Chiesa stehende Kirche San Vicenzo geht ebenfalls auf das 5. Jahrhundert zurück. Sie wurde ursprünglich dreischiffig auf einer frühchristlichen Grabstätte im romanischen Stil erbaut und später im Barockstil umgestaltet. Im Zuge weiterer Umbau- und Erweiterungsmaßnahmen entstand der dreiflügelige Portikus, außerdem wurden ältere frühchristliche Grabsteine im Inneren der Kirche in den Boden eingelassen. Die alte Baustruktur ist an den Außenmauern gut zu erkennen.

Chiesa Santa Maria delle Grazie

Die elegante und eher schlichte, einschiffige und lichtdurchflutete Kirche war **ehemals Teil einer Klosteranlage**, die heute in Privatbesitz ist. Das Bauwerk gehört nach Ansicht der Experten zu den bedeutendsten spätgotischen Baudenkmälern in der Region Comer See. Trotzdem konnten nicht alle Malereien in der Kirche erhalten werden. **Bemerkenswert ist der vergoldete, aus Holz geschaffene Hochaltar mit Statuen und Skulpturen**. Ebenfalls sehenswert ist die Kirche San Gusmeo und Matteo aus dem 13. Jahrhundert im Ortsteil San Carlo. Von dort oben hat man einen großartigen Blick auf Gravedona und seine Umgebung. Der Radius reicht vom Veltlintal ganz im Norden bis hinüber zur Bellagio-Halbinsel.

Gute Ausstellungen und Konzerte: **Palazzo Gallio**

Der Palazzo Gallio, auch **Palazzo delle Quatro Torri** genannt, wurde im 16. Jahrhundert im Auftrag von Kardinal Tollomeo Gallio auf den Überresten einer mittelalterlichen Burg gebaut. Noch heute lassen sich in den Außenmauern des Geländes Relikte aus dieser Zeit erkennen. Der Name des Palasts steht für die vier mächtigen Außentürme an den Ecken des quadratisch angelegten Bauwerks. Von der Terrasse des etwas tiefer liegenden großen Saals hat man eine schöne Sicht auf Gravedona und den See. Heute dient der Palazzo als Veranstaltungsort und ist Sitz der Comunità Montana Alto Lario. Zurück am See folgen Sie der Uferpromenade in nördlicher Richtung und passieren die Tourismus-Information (kleiner Rundbau) am alten Fischerhafen, einige Cafés, Läden und Banken. Die Gemeinde forciert die Renovierung der vielen noch im Dornröschenschlaf befindlichen Fassaden in vorderster Linie, bald sollen die Arbeiten abgeschlossen sein. Gegenüber der Anlegestelle befindet sich einer der wenigen Spielzeugläden der Gegend - wer Kinder hat, sollte sich also auf eine längere Pause einstellen. Am nördlichen Ende der Uferpromenade angekommen, findet man eine schöne Ruheinsel direkt neben der Kirche (leicht erhöht) vor, ein paar Schritte dahinter das Casa Volta, in dem der be-

DER PALAZZO GALLIO DIREKT AM SEE

rühmte Physiker Allessandro di Volta, Namensgeber der Einheit ‚Volt' viel Zeit verbracht hat. Eine Steintafel erinnert an Comos berühmten Sohn. Jenseits der Brücke beginnt ein schöner Spazierweg von Gravedona nach Dongo. Der eigentliche Strand von Gravedona ist am südlichen Ortsende zu finden. Der Fluss, der hier in den See fließt, bildet eine große Kiesbank, auf der sich im Sommer viele Badegäste tummeln. Gegenüber liegt ein sog. Lido, eine Schwimmanlage mit Pool, Liegestühlen und Snackbar, davor ist ein großer Parkplatz.

Die Bergdörfer: **Peglio**, **Livo** und **Dosso del Liro**

Die Bergdörfer oberhalb Gravedonas auf den Hängen der umliegenden Berge haben alle ihren besonderen Reiz. Viele attraktive Wandertouren starten von hier, und nicht umsonst werden immer mehr alte Bauernhäuser saniert und zu modernen Ferienwohnungen umgebaut. Noch weiter oben finden sich einige Agriturismo-Betriebe (z.B. Agriturismo Zertin). Der Straße nach Traversa folgend, erreicht man zunächst Peglio,

SCHÖNER WANDERWEG NACH LIVO

ein Dorf am Übergang zu einem Hochtal, in dem es auch eine Trattoria gibt. Hier hat sich Guy de Jong, ein auch über den Comer See hinaus bekannter belgischer Künstler, mit seinem Atelier und einer Galerie angesiedelt. Kein Wunder – denn von oben aus hat man einen unsagbaren Blick in Richtung Süden. **Livo hat einen schönen Ortskern mit Kirche, alten Häusern und einer sehr guten Pizzeria** (Sant'Anna).Von hier aus startet man ins gleichnamige Tal, wo sich das urige **Berglokal Crotto Dangri** einen Namen gemacht hat. Über Dosso del Liro gelangt man ins **Valle del Liro** und weiter ins Val di Camedo. Sehr beliebt ist auch die Wanderung zum **Crotto Dangri**: Der Weg ist gut ausgeschildert. In ca. 1 h erreichen Sie das Crotto mit seiner einfachen, aber schmackhaften regionalen Küche. Der Weg führt im späteren Verlauf entlang einem Gebirgsbach, der je nach Jahreszeit mehr oder weniger Wasser führt. Sie passieren offene Passagen ebenso wie von mächtigen Kastanienbäumen verdunkelte Wege. Am Zielpunkt gibt es einige Gumpen, die im Sommer zum kühlen Bad einladen. **Die Strecke ist Teil der Via dei Monti Lariani** (VML) und kann in beide Richtungen weiter verfolgt werden.

Übernachten in Gravedona

(1) **Hotel Regina**. Via Regina Levante, 10 a. 22015 Gravedona. +39 0344 89446. www.reginahotels.it. Direkt am Seeufer. Die einladende Terrasse, der Pool und die unvergleichliche Lage machen das Hotel zum Bestseller im Norden. Der Senior-Chef wohnt selbst im Haus. Preise ab EUR 97,00 (DZ). (2) **Hotel Lauro**. Via Privata Tagliaferri, 12. 22015 Gravedona. +39 0344 85255. www.laurohotel.it. Ruhig gelegenes Hotel unter neuer Führung. Service wird großgeschrieben. Preise ab EUR 75,00 (DZ). (3) **Hotel La Villa**. Via Regina Ponente. 22015 Gravedona. +39 0344 89017. www.hotel-la-villa.com. Das stilvolle Hotel La Villa mit seinen 15 geschmackvollen Zimmern liegt leider nahe der Durchgangsstraße (unbedingt Zimmer zum See hin verlangen!).

Gut essen in Gravedona

(1) **Ristorante Hotel Lauro**. Via Privata Tagliaferri, 12. 22015 Gravedona. +39 0344 85255. www.laurohotel.it. Ambitioniertes Hotel-Restaurant mit interessanter Karte bei akzeptablen Preisen. Sehr zuvorkommender Service. (2) **Osteria Ca' de' Matt**. Via Castello, 6. 22015 Gravedona. +39 0344 85640. Originelles, romantisches Lokal am nördlichen Ende der Uferpromenade; etwas nach hinten versetzt.

MUSSO IST EIN IDEALER ERHOLUNGSORT.

Wer die Ruhe liebt, ist in Musso gut aufgehoben, denn nach der Eröffnung des Umgehungstunnels ist diese hier eingekehrt. Das kleine Örtchen mit nur wenigen touristischen Angeboten liegt prächtig an einem von malerischen Häuschen gesäumten Berghang, der in nördlicher Richtung vom **Sasso di Dongo bis nach Pianello del Lario** reicht. Der Uferbereich ist nicht besonders aufregend, der Verbindungsweg dorthin allerdings sehr zu empfehlen. Er führt bis nach Pianello del Lario, einem Zusammenschluss mehrerer kleiner Orte am Ende der Bucht. Wirtschaftlich ging es dem Ort stets gut, fand man hier schon früh den begehrten weißen Marmor, der exportiert bzw. für zahlreiche lombardische Kirchenbauten verwendet wurde (darunter auch der Duomo in Como und einige Bauwerke in Mailand). Vor einigen Jahrzehnten wurde der Abbau allerdings mangels Rentabilität eingestellt, das Abbaugebiet in der Via del Marmo ist kaum mehr zu erkennen. Vom Ort aus führen einige Wanderwege in die dahinter liegenden Berge. **Hier findet sich eine der schönsten Etappen der Via Regina Antica**, meist auf schmalen Fußpfaden in halber Höhe mit Panoramaaussichten auf Uferlinie und See. Ganz im Norden am Übergang zu Dongo stand die Burg von Gian Giacomo Medici. Er terrorisierte die gesamte Region mit seinen Überfällen und annektierte Gebiet für Gebiet. Erst Francesco II. Sforza machte dem Ganzen ein Ende und vertrieb den Gewaltmenschen. Von der Burg ist heute kaum etwas übrig, nur einige schwer erkennbare Mauerreste befinden sich am Wegesrand. **Von Musso aus geht es hinauf auf den stolzen Monte Bregagno.**

Die im romanischen Stil erbaute Kirche San Biagio stammt aus dem 12. Jahrhundert, was Fundstellen in den Chroniken des Ortes Pianello del Lario belegen. Die ursprüngliche Kirche war Nazarro und Celsio geweiht und gehörte nicht zu Musso. Erst im späten 14. Jahrhundert wurde die Kirche auf St. Blasius umgeweiht, zwei Jahrhunderte später aufwendig umgebaut und im Innern kunstvoll verziert. Der Glockenturm (Campanile) wurde erst 1781 fertiggestellt. Via Regina, 14, sehr zentral zwischen See und Hauptstraße.

Übernachten in Musso

(1) **Residence La Pianca**. Via al Castello 25, 22010 Musso. Eine schöne Aussichtslage leicht erhöht im oberen Ortsteil von Musso. Mit Pool, aber nur wochenweise buchbar. Ab EUR 470,00 pro Woche. (2) **Agriturismo Labbio.** Loc. Labbio. 22010 Musso. 0344 80120. www.agriturismolabbio.it. Nur für echte Abenteurer. Nicht wegen der Ausstattung, die ist absolut in Ordnung. Die Auffahrt zum Agriturismo aber ist lang und beschwerlich. Das Albergo wird viel von Wanderern auf der Via dei Monti Lariani (VML) genutzt.

Gut essen in Musso

(1) **Il Pontile.** Via Frazione Musso Centro, 2. 22010 Musso. Günstiges und gutes Restaurant mit schöner Terrasse und Blick auf den See.

Ein wunderschöner Berg: **Der Monte Bregagno**

Das **Bergdorf Labbio** mit dem gleichnamigen Agriturismo ist ein guter Ausgangspunkt für die Besteigung des Monte Bregagno. Auf der sehr attraktiven Wanderung überwindet man eine Höhendifferenz von ca. 1000 m! Von der Kapelle San Bernardo aus folgt man ca. zwei

SCHÖNER BLICK AUF DEM WEG ZUM MONTE BREGAGNO

Stunden lang dem Bergrücken in südwestlicher Richtung. Erst spät ist der eigentliche Gipfel auszumachen, ein bisschen Kletterei inklusive. Anstrengend ist die Auffahrt mit dem Bike zum Agriturismo Labbio über eine anfangs auf Asphalt, später auf Schotter verlaufende Serpentinenstrecke. Vom Gasthof (Öffnungszeiten beachten) geht es weiter zur **Kirche San Bernardo** und den **Sasso di Dongo** mit Blick auf den Comer See. Auf der anderen Seite lockt eine steile Abfahrt ins Valle Alabano nach Garzeno. Von dort rollt man gemütlich zurück nach Dongo/Musso.

Pianello del Lario

Pianello ist ein Zusammenschluss kleiner Berg- und Seedörfer, die sich einst am Fuß des mächtigen Monte Bregagno-Massivs angesiedelt haben. Mittelpunkt für die Besucher ist sicherlich **Calozzo**, das sich in den letzten Jahren zu einem angenehmen Badeort entwickelt hat. Die Atmosphäre dort ist sehr entspannt, Hektik findet sich so gut wie gar nicht. Zwei Campingplätze, zahlreiche Ferienwohnungen und einige nette Cafés und Strandbars warten auf die Gäste, die meist Wassersport-Fans sind. Durch die zentral gelegene Schiffsanlegestelle sind aber auch Ausflüge problemlos möglich. **Zudem gibt es im Hinterland viele Wandermöglichkeiten** mit unterschiedlichen Schwierigkeitsgraden. Das Schifffahrtsmuseum in der ehemaligen Spinnerei am See erlaubt einen fundierten Einblick in die Fischerei und das Transportwesen zu Wasser hier am Comer See. Direkt an der Schiffsanlegestelle in Calozzo befindet sich die **Kirche San Martino**. Einst von Mönchen der St. Christophorus-Abtei Como erbaut, wurde das Kirchenhaus im 16. Jahrhundert umgebaut und renoviert. Ein Jahrhundert später gestalteten Maler vom nahe gelegenen Luganer See den Innenraum weiter kunstvoll aus, was man heute noch bewundern kann. Zudem bietet sie einige schöne Skulpturen aus Marmor. Der im 16. Jahrhundert errichtete Altar stammt von Francisco Ser Gregori.

Einen Besuch wert: **Das Museo della Barca Lariana**

Highlight der Ortsgemeinschaft ist das Schifffahrtsmuseum ‚Museo della Barca Lariana', das in den Anlagen einer alten Spinnerei direkt am See errichtet wurde. Vor den Toren des Museums liegt, für jedermann sichtbar, ein alter und verrosteter Dampfkahn, innen warten rund 250 Boote und aberhunderte Fotografien und Dokumente aus vielen Jahrhunderten Schifffahrt auf dem Comer See. Die in Venedig so beliebten Gondeln fuhren einst auch am Lario - als Last- und Transportkahn. Polizei-, Arbeits-, Schmuggler- und Fischerboote sowie viele Informationen über die Schifffahrt in alten Zeiten machen das 1982 eingerichtete Museum zu einem lohnenswerten Ziel. Auch rennerfahrene Segelyachten aus dem 19. Jahrhundert und die berühmten hölzernen Riva-Luxusmotorboote gibt es zu bestaunen.

Das Museum liegt direkt am Ufer des Comer Sees und ist eigentlich nicht zu verfehlen. Via Statale, 139. 22010 Pianello del Lario-Calozzo. 0344 87235. Im Sommer geöffnet samstags von 14.00 bis 18.00 Uhr, sonntags von 10.00 bis 12.00 Uhr. Im Anschluss an den Museumsbesuch empfiehlt sich der Cappuccino im Strandcafé nahe der Kirche: Die Preise sind günstig, das Ambiente angenehm. Von der Terrasse aus können Sie im Sommer viele Surfer beobachten, die ihre Fähigkeiten im Gleiten zur Schau stellen. Hübscher kleinerer Strandabschnitt in der Nähe der beiden Campingplätze und der Kirche.

Übernachten in Pianello del Lario

(1) Agriturismo Tre Terre. Località Coslia. 22010 Pianello Del Lario. Tolles Haus in Spitzenlage. Personal sehr freundlich, geschmackvoll eingerichtete Zimmer. Preis ab EUR 115,00 (DZ). (2) **B&B Breva & Tivan**. Frazione Scarpagiano, 34b. 22010 Pianello del Lario. +39 0344 86083. www.brevaetivan.it. Sehr schön gelegenes ansprechendes Haus. Preise ab EUR 50,00 (DZ). (3) **Camping Laguna Beach**. Via Statale. Frazione Calozzo. 22010 Pianello del Lario. +39 0344 86315. In einem kleinen Wäldchen direkt am See gelegener Platz, viele Wassersportler. (4) **Camping Mec**. Via della Chiesa. Frazione Calozzo. 22010 Pianello del Lario. +39 0344 87026. Eingezäunter Platz direkt neben der Kirche (viele Dauercamper, kein Baum!).

Gut essen in Pianello

(1) Ristorante Veranda Beach Café. Via Calozzo. +39 366 4951790. Direkt am Strand beim Campingplatz. Zu genießen sind - bei attraktiven Preisen – frische und überdurchschnittliche Speisen und Snacks sowie hausgemachtes Eis. (2) **Ristorante Spinnaker**. Gute Pizza aus dem Holzofen. Via Statale Regina, 84. 22010 Pianello del Lario. +39 0344 87367.

San Siro

San Siro bezeichnet einen Gemeindeverbund, der sich von Cremia bis Menaggio erstreckt. Insgesamt zwanzig Gemeinden, darunter einige touristisch sehr interessante, haben sich hier zusammengeschlossen. Über den Ortsnamen des Verbundes stimmten einst die Einwohner ab, San Siro (Syrus) war ein italienischer Bischof aus dem 4. Jahrhundert (Pavia). Die wichtigsten Teilorte sind **Santa Maria Rezzonico**, **Acquaseria** und **Sant' Abbondio**. Sehenswert zwischen zwei Tunneln gelegen ist die Villa Gaeta, Schauplatz einer kurzen Szene im James Bond-Streifen ,Casino Royal`. Wichtiges Element ist die Kirche Santa Maria Assunta, die auf dem Gemeindegebiet von Sant'Abbondio liegt und äußerst reich verziert ist. Die einzelnen Dörfer sind durch alte Saumpfade verbunden, für Wanderfreunde ein Paradies. Über Treccione erhält man zudem Zugang zum Fernwanderweg ,Via dei Monti Lariani'. Von den Orten her zeigt sich Rezzonico sehr malerisch: auf einer Halbinsel bildet die Uferbebauung ein lohnendes Postkartenmotiv, in deren Mittelpunkt die Burg von Rezzonico thront. In Acquaseria gibt es einen kostenlosen Mineralwasserbrunnen, viele Geschäfte und eine hübsche Seepromenade.

Unauffällig: **Acquaseria**

Acquaseria ist der eigentliche Hauptort der Gemeinde San Siro mit Geschäften, Restaurants, Bars und Cafés mit Eisverkauf. Über die Via Giuseppe Carozzi verläuft die wichtigste Zufahrt zum See mit Naturstrand (grober Kiesel). Von dort kann man die Uferpromenade entlangschlendern oder einen kleinen Imbiss in einem Restaurant einnehmen. Das Besondere an Acquaseria ist die öffentliche Ausgabestelle für ein hervorragend schmeckendes **Quellwasser**, das in der Nähe des Ortes aus dem Berg kommt. Der Ort möchte damit der wachsenden Flut an PET-Flaschen Herr werden.

DAS PITTORESKE SANTA MARIA REZZONICO MIT CASTELLO

Romantik pur: **Santa Maria Rezzonico**

Von Süden kommend, kann man schon bald die Schönheit von Rezzonico erkennen: Es liegt äußerst malerisch auf einer Landzunge, die weit in den Comer See hereinragt. Die Häuser drängen sich fast bis ans Wasser und nutzen jeden freien Quadratmeter. Den Ort überragt das **Castello di Rezzonico**, eine Burg aus dem 13. Jahrhundert, die den Angaben zufolge von der Familie della Torre erbaut wurde. Die trapezförmige Burg verfügt über drei Türme und über mehrere Etagen Wohnraum. Ein Turm ist heute noch bewohnt, im unbebauten Innenhof wachsen Blumen. Da die Burg sich in Privatbesitz befindet, wird sie der Öffentlichkeit nur selten geöffnet. Die Wege um die Burg aber sind wunderschön angelegt und führen links zu einer kleinen Bucht und rechts zum befestigten Uferbereich Rezzonicos mit Traumaussicht auf den Comer See.etwas südlich liegt der kleine Fischerhafen mit einigen Booten. Die Überreste einer alten Festungsanlage, des **Castellaccio**, finden sich oberhalb der südlichen Tunneleinfahrt des Ortes. Diese Anlage war vermutlich ehemals mit dem Castello verbunden und diente wohl als Rückzugsmöglichkeit.

Die **Villa Gaeta,** (fast) das Ende für **Mr. White** ...

Durch den Bond-Film Casino Royal (2006) wurde die Villa endgültig weltberühmt. Mr. White erfährt hier beinahe seine Liquidierung durch James Bond, was gleichzeitig die Schlusseinstellung des Films ist (Trailer bei youtube, Stichwort Villa Gaeta). Unverwechselbar ist auch die Lage der Villa auf einer kleinen Landzunge zwischen San Siro und Nobiallo ganz am südlichen Ende des Gemeindegebiets. Kein anderes Bauwerk am Comer See verfügt über eine ähnlich herausragende Lage: in völliger Abgeschiedenheit mit drei zum See offenen Seiten. In der 1921 erbauten Villa sind heute über 22 luxuriöse Wohnungen, alle in Privatbesitz. Einige der Wohnungen werden allerdings über die gängigen Ferienwohnungsportale vermietet.

Die **Chiesa Maria Assunta** in Santa Maria Rezzonico

Die im 15. Jahrhundert für die Dominikaner erbaute Kirche steht auf den Überresten einer noch älteren, ebenfalls der Heiligen Maria geweihten Kirche. Das Gotteshaus ist im Innern reich dekoriert, berühmte Maler wie Sigismondo de Magistratis und Carlo Carimati steuerten in den Anfängen ihre Künste dazu bei. Der Glockenturm zeigt noch romanische Fragmente. Außerhalb der Kirche finden sich Überreste spätrömischer (und mittelalterlicher) Mauern, Historiker vermuten die Reste einer Festung.

Übernachten in San Siro

(1) Hotel Lauro. Località Rezzonico. 22010 San Siro. 0344 50029. www.hotellauro.com. Kleines Hotel mit Restaurant, in dem hauptsächlich regionale Küche angeboten wird. Das Gasthaus wird seit dem 18. Jahrhun-

dert von der gleichen Familie erfolgreich geführt. Frische regionale Zutaten sind das Erfolgsgeheimnis. (2) **Hotel Sole**. Loc Santa Maria Rezzonico. 22010 San Siro. Mittelklassehotel mit Campingplatz. Zimmer zur Straße unbedingt vermeiden. Preise ab EUR 80,00 (DZ). (3) **B&B Miramusi**. Loc. Rezzonico. 22010 San Siro. 0344 50095. Exklusive Lage auf einem Felsen über dem See und der alten Uferstraße. Die Zimmer sind nett eingerichtet und geräumig. Preise ab EUR 40,00 (Person).

Gut essen in San Siro

Zu empfehlen sind die Restaurants der Hotels (s.o.). Entlang der Hauptstraße gibt es zahlreiche kleinere Pizzerien. (1) **Trattoria Pizzeria Dei Platani**. Via Statale Regina, 41. 22010 San Siro. 0344 50139. Einfaches Lokal mit Aussicht auf den See. (2) **Ristorante Pizzeria da Luigi**. Loc. Acquaseria. Via Statale, 59. 0344 517052. Direkt an der Durchgangsstraße.

Sorico

Sorico ist ein altes Fischerdorf am nördlichsten Zipfel des Comer Sees. Hier mündet der Fluss Mera in den Lago. In niederschlagsarmen Sommern sorgt der niedrige Wasserstand oft für ein wenig Frust, da man zum Baden dann ein Stück nach Süden ziehen muss. Sorico ist ein vielseitiger Ort mit zahlreichen Angeboten in Sachen Wassersport und Natur. **Besonders Familien genießen die weiten Uferflächen**, den flachen Uferbereich und die vielen Wandermöglichkeiten in den Bergen. Schön auch der Ausflug zum Lago di Mezzola und ins Landschaftsschutzgebiet Pian die Spagna. Im Ort selbst fallen einige ältere Türme auf, die in früheren Zeiten der Überwachung und Eintreibung der Wege- und Handelszölle dienten. **Die Pfarrkirche mit ihrem beeindruckenden Glockenturm** liegt mitten im Ortszentrum an der Piazza Cesare Battisti, dem kleinen Ortszentrum mit Geschäften, Cafés und Bars. Das besondere an Sorico ist, dass es ursprünglich auf der anderen Mera-Seite gelegen war, im 15. Jahrhundert aber zerstört wurde und an der heutigen Stelle neu aufgebaut wurde. Sehenswert sind die Überreste einer aus dem 17. Jahrhundert stammenden Barockvilla der für Sorico sehr bedeutenden Familie Giulini. Von internationalem Interesse ist das im April/Mai stattfindende **Bird-Watching-Festival** im Naturreservat Pian di Spagna. Vogelkundler ziehen, bewaffnet mit ihren Spektiven, in die Natur und beobachten die vielen und seltenen Wasservogelarten rund um das geschützte Gebiet.

Zentral im Ort: **Die Pfarrkirche Santo Stefano**

Die Anfang des 18. Jahrhunderts von Giorgio Gulini umgebaute Kirche bietet mit dem Glockenturm aus romanischer Epoche ein interessantes Ziel. Fragmente aus dem 15. Jahrhundert findet man auch in Form des Marmorportals am Eingang sowie einiger Apsiden im Inneren des Gotteshauses. Überhaupt gilt Sorico als **Ausbreitungspunkt für das Christentum** hier am Comer See. Dazu hatte man im 4. Jahrhundert eine Art Städtebund aus den Orten Sorico, Dongo und Gravedona, die ‚Tre Pievi', gebildet. Die Vereinigung hatte eine autonome Verwaltung, es gab Richter und das Münzrecht.

Netter Spaziergang: **Die Wallfahrtskirche San Miro**

Die Wallfahrtskirche San Miro steht ca. 300 m oberhalb des Ortes und ist dem heiligen Miro, einem Pilger aus dem Franziskanerorden, geweiht. Das Kirchlein mit sehenswerten Fresken stammt aus dem 16. Jahrhundert. **Startpunkt des kleinen Spaziergangs ist die Piazza Cesare Battisti am Parkplatz.** Überqueren Sie die Straße und folgen Sie der alten Strada Regina bis zum alten Turm. Halten Sie sich links, stetig steigt der Weg zur Kirche an. Wer will, geht weiter über Carzone und Masina eine schöne Runde mit tollen Ausblicken.

Das Naturschutzgebiet Pian di Spagna

DIE PIAN DI SPAGNA LIEGT ZWISCHEN ZWEI SEEN.

Das Naturschutzgebiet im Norden des Comer Sees ist für Naturfreunde sehenswert. Seinen Namen hat das Gebiet zwischen Mera und Adda von einem im 16. Jahrhundert hier ansässigen **spanischen Militärlager mit dem Forte di Fuentes als Mittelpunkt**. Die Gebietsleitung bemüht sich engagiert, Besuchern ein umfassendes Bild dieses landschaftlich eindrucksvollen und artenreichen Fleckens Erde zu verschaffen. Viele Veranstaltungen, deren Highlight das alljährliche

‚**Birdwatching**' für Vogelfreunde ist, werden angeboten: Geführte Wanderungen auf einem der drei offiziellen Wege durch das Naturschutzgebiet, **Bootsfahrten zum Lago di Mezzola**, Vorträge, **spezielle Pflanzen- und Tierführungen.** Wer auf eigene Faust losziehen möchte, kann unter mehreren gekennzeichneten Wanderwegen zwischen dem Fluss Adda und Gera Lario wählen. Die Randbereiche lassen sich gut mit dem Kanu oder Kajak erkunden. Zu sehen gibt es seltene Tiere und besonders Vogelarten, die hier geschützt brüten. Auch seltene Wasservögel finden hier Heimat und Zwischenstation, Informationen gibt es online und in den Tourismusinformationen der Umgebung. **Das sich über 1 500 ha erstreckende Schilf- und Sumpfgebiet ist einmalig am Comer See.** Einen schönen Überblick über das Gelände hat man von einer Anhöhe oberhalb der Brücke; dazu von der Hauptstraße abzweigen und der Straße einige Kehren in Richtung Albonico folgen. Riserva Naturale. Via della Torre, 1a. Sorico. www.piandispagna.it.

Der Monte Berlinghera

Eine familienfreundliche und abwechslungsreiche Tour mit schönem Gipfel. Durch Wald, Almen und Felsen führt diese anfangs leichte und nur gegen Ende etwas anstrengendere Tour. Vom Gipfel, der von unten wie eine felsige Mütze aussieht, hat man einen weiten Blick ins Val Chiavenna, ins Valtellina und auf den nördlichen Comer See. Den Ausgangspunkt erreichen Sie über eine gut ausgebaute Teerstraße. Fahren Sie in Gera Lario zunächst an der Brücke/Kirche San Vincenzo in Richtung des Bergdorfs Montemezzo. Lassen Sie das Dorf links liegen und folgen Sie den Hinweisschildern nach Bugiallo. In vielen Kehren geht es hinauf zum Ausgangspunkt, einem Parkplatz bei dem Kirchlein San Bartolomeo. Unterwegs treffen Sie rechts auf das Agriturismo ‚Azienda Giacomino', das schöne Zimmer und gutes Essen in traumhafter Lage bietet. Rechnen Sie für die Anfahrt ab Talort ca. eine halbe Stunde.

Schöne Ausflüge: **Lago di Mezzola** und **Val Codera**

Der kleine See, der im Norden an den Comer See anschließt, trägt den Namen der bedeutendsten Gemeinde am See. **Novate Mezzola ist aber vor allem durch ein Tal bekannt,** das nur über diesen Ort (zu Fuß oder per Lastenseilbahn) erreichbar ist. Kein Auto, kein Hubschrauber hat bis dato die Regionen des **Val Codera** erreicht (außer vielleicht für Bergrettungen). Das schöne Hochtal reicht kilometerweit ins Gebirge hinein. Novate Mezzola selbst ist nicht besonders interessant, erwähnt soll aber das schöne Strandbad am nördlichsten Ende des Sees, direkt neben der Codera-Mündung, sein. Genau auf der gegenüber liegenden Seite folgt der Campingplatz El Ranchero, der schon zur Gemeinde Campo gehört. In Richtung Süden schließen sich die Ortschaften Verceia und San Fedele an, ein weiteres Strandbad befindet sich hinter der Brücke. Der südliche Teil des Sees gehört schon zum Naturschutzgebiet ‚Pian di Spagna' mit all seinen naturkundlichen Angeboten.

Übernachten in Sorico

(1) **Hotel Europa**. Via Cesare Battisti, 4. 22010 Sorico. 0344 84004. www.europasorico.com. Traditionsreiches Hotel, seit drei Generationen inhabergeführt. Wenige Schritte von Sorico entfernt, bietet das Hotel 13 geräumige Zimmer mit allem modernen Komfort. Preise ab EUR 68,00 (DZ). (2) **Residence Colombo**. Via Vittorio Emanuele, 11 A. 22010 Sorico. 339 7159398. www.colomboresidence.it. Ferienanlage in zentraler Lage, wenige Schritte vom See entfernt. Preise ab EUR 60,00 (Apartment). (3) **Agriturismo Giacomino**. Via Fordeccia, 42. Bugiallo Frazione di Sorico, Localität Bedoi. 0333 1313313. www.agriturismogiacomino.it. Der ideale Ort, um inmitten schönster Natur Ruhe und Stille zu genießen. Das Haus steht aber auch für vorzügliches Essen. Preise ab EUR 40,00 (Zimmer). (4) **Camping La Riva**. Via Poncione, 3. 22010 Sorico. 0344 94571. www.campinglariva.com. Der 2000 eröffnete Platz bietet viele angenehme Extras: Kinderspielplatz, Swimmingpool, Sonnenterrasse und Bar. (5) **Camping La grande quiete**. Via Boschetto, 193. 22010 Sorico. 0344 84041. www.lagrandequiete.com.

Gut essen in Sorico

(1) **Trattoria Pizzeria Spluga**. Via Vittorio Emanuele, 10. 22010 Sorico. 0344 84142. www.pizzeriaspluga.com. Geschichtsträchtiges Gasthaus mit guter Küche. (2) **Ristorante Biffi**. Piazza Cesare Battisti, 12. Sorico. 0344 490286. www.ristorantebiffi.com. Zentral gelegenes Haus mit schöner Terrasse zum See hin. Empfehlenswert auch die Restaurants der Hotels.

Die Seemitte^Centro (Centro Lago; triangolo lariano)

Ist es nur Einbildung? Liegt es am tiefen Sonnenstand? Die Gärten, die Fassaden, die Straßen, die Geschäfte, einfach alles wirkt plötzlich gepflegter, frischer, aufwändiger. Auch die Fahrzeugmarken, die Speisekarten, ja sogar die vorbeischlendernden Passanten scheinen sich verändert zu haben.

Die **Region Centro Lago** bietet die höchste Dichte an Villen und Palästen am gesamten Comer See, mit weitläufigen, penibel gepflegten Gärten, die zu jeder Jahreszeit eine Augenweide sind. Bellagio, Cadenabbia, Tremezzo und Varenna gehören zu den beliebtesten Urlaubszielen. Kein Wunder, gibt es hier doch die bedeutendsten Sehenswürdigkeiten am See zu bestaunen. Zudem sind die Orte durch den Fährdienst gut miteinander vernetzt, was kurze Anfahrtszeiten bedeutet. Einzig die Hauptdurchgangsstraße stört, verläuft sie doch zwischen Menaggio und Lenno direkt am Seeufer entlang, sodass nur wenige Meter Platz für Restaurants, Strandbäder und andere Einrichtungen verbleiben. **Das Tor zum ‚Goldenen Dreieck' bildet Menaggio, wo die ersten Vier- und Fünf-Sterne-Hotels am Ufer thronen.** Wunderschön gestaltet ist der Altstadtbereich.

Von hier aus starten auch die Fähren nach Varenna, Bellagio und Tremezzo. Die Überfahrt nach Varenna und Bellagio verheißt Gutes: Beide Orte gehören zu den Top-Zielen am Comer See, Varenna romantisch verträumt, Bellagio mondän und herrschaftlich. **In Bellagio teilt sich der See in die Arme Como und Lecco.** Die Überfahrt von Bellagio nach Tremezzo bringt den Gast zur Villa Carlotta, einer der berühmtesten und schönsten Anlagen am ganzen See. Weiter südlich bei Ossuccio liegt die Isola Comacina, die einzige Insel des Sees. Ein Besuch lohnt, befindet sich hier doch eines der skurrilsten Ristorante am Lago, das Locanda dell' Isola Comacina. Sportfreunden empfiehlt sich die vorzüglich gepflegte Anlage des Golf Club Menaggio e Cadenabbia nördlich von Menaggio. George Clooney und seine Freunde sind hier regelmäßig zu Gast, die 18-Loch-Anlage lässt sportlich gesehen keine Wünsche offen. Auch für Wanderfans gibt es hier vielfältige Touren, zudem bestens ausgearbeitete Roadmaps, die bei der Orientierung helfen. Windsurfer sucht man allerdings vergebens, hier wird allenfalls Wasserski, vereinzelt auch Jetski gefahren. Stattdessen herrschen Motorboote vor, vor allem Edelboote, nach dem Motto: ‚sehen und darin gesehen werden': So wichtig wie hier ist diese Sportart an keiner anderen Stelle des Sees. Viel Zeit für Sport bleibt jedoch gar nicht, da es hier so viel zu entdecken und zu genießen gibt.

Bellagio, **Varenna** & **Co.** sorgen für Kurzweil. Allein die Anzahl der Villen und Palazzi ist atemberaubend: Die **Villa Carlotta**, die wohl bekannteste Villa am Comer See und darüber hinaus, die **Villa Collina**, **Konrad Adenauers langjähriges Feriendomizil**, die **Villa Monastero** in Varenna und die **Villa Serbelloni** in Bellagio, um nur einige zu nennen. Neben den Bauten sind die Gärten, die nach italienischer und englischer Gartenbaukunst angelegt sind, die eigentliche Attraktion. Blütenmeere aus Azaleen, Kamelien und Rhododendron sind dort im Wechsel der Jahreszeiten zu bewundern. Wer das nötige Kleingeld mitbringt, sollte versuchen, in einem der traditionsreichen Hotels unterzukommen, um sich dort nach allen Regeln der Kunst verwöhnen zu lassen. Auch luxuriöse Ferienwohnungen und -häuser werden in Hülle und Fülle angeboten. Doch auch für den schmaleren Geldbeutel findet sich ein passendes Domizil. Camping ist aufgrund des Platzmangels weniger möglich. Es sind zwar einige Plätze in der näheren Umgebung vorhanden, jedoch nicht immer direkt am See.

Bellagio

Bellagio liegt auf einer grünen Halbinsel zwischen den beiden Seearmen Lecco und Como. **Das bildhübsche Städtchen ist Hauptanziehungspunkt am Comer See**, bietet es doch genau das, was sich alle unter dem Begriff ‚**Perfekte Schönheit**' vorstellen. Vor allem die traumhafte Lage am Ende des Monte San Primo-Ausläufers zwischen Como und Lecco (triangolo lariano) ist es, die beeindruckt. Hier trennen sich die beiden südlichen Arme des Comer Sees voneinander. **Neben der herrlichen Uferpromenade**, den gemütlichen Cafés und den verwinkelten Gassen der Altstadt sind auch der Fischereihafen, die romanische Pfarrkirche St. Jakob (Basilica San Giacomo) und die Villen Serbelloni und Melzi bemerkenswert. Letztere prunken mit bewundernswerten Parkanlagen voller stattlicher Zypressen und viel gerühmter Azaleen, Rosen, Kamelien und Rhododendren. **Die Gärten, die zu den schönsten Italiens zählen, lassen das Herz eines jeden Liebhabers der Hortikultur höher schlagen.**

Es sind aber vor allem die stilvollen Hotels, die Filialen Mailänder Nobeldesigner und die Speisekarten edler Restaurants und Cafés, die das Flair Bellagios ausmachen. Ein Prachtbau neben dem anderen zeigt, dass in diesem Ort einst viel Geld angelegt wurde und heute dafür gesorgt wird, dass alles so bleibt wie es ist. Wer hier Urlaub macht, weiß, warum! Sparen kann man hier allerdings nicht, für Espresso, Cappuccino und Co sind Höchstpreise zu bezahlen. Pizza auf die Hand ist unter EUR 5 nicht zu haben, anderenorts zahlt man die Hälfte. Ein Rundgang durch das malerische Örtchen erschließt das alte Fischerdorf mit den bunt bemalten Häusern und steilen Gassen. Herrlich lässt es sich an einladenden Restaurants, Pizzerien, hübschen Boutiquen und kleinen Geschäften entlang bummeln. Krönung Ihres Besuches in Bellagio ist aber der Ausblick vom nördlichsten Punkt der Halbinsel, der **Punta di Spartivento** (übersetzt: ‚Ort des geteilten Windes'.) **Hier bietet sich Ihnen eines der schönsten Seepanoramen auf Tremezzo, Varenna und Menaggio an den gegenüberliegenden Ufern.** Ein Ristorante lädt die Spaziergänger auf eine kulinarische Reise durch die Region ein, ein kleiner Strandabschnitt erfreut die Kinder. Viele Feingeister, Künstler und Politiker haben diesen Traumort am Co-

mer See schon besucht. Mit dem ‚**Festival di Bellagio**' veranstaltet der Ort eines der größten Kulturfeste der Region. Den ganzen Sommer über finden an zahlreichen Orten Veranstaltungen statt: Konzerte, Lesungen, Tanz und andere kunstvolle Darbietungen. www.festivaldibellagio.com.

Auf dem Weg zur Villa Melzi gelangt man zum Lido (örtliches Strandbad), das 2011 renoviert wurde. Die Anlage besteht aus einem Café, Wasserleitern und einem Sprungbrett. Eine Liegewiese im engeren Sinne gibt es nicht, Palmen und Sand sorgen für etwas Flair. Im Sommer wird auch Wasserski gefahren. TIPP | Wer es natürlicher mag, geht an den Parkanlagen der Villa Melzi entlang die Uferstraße in Richtung San Giovanni. Kurz vor dem Ortsanfang zweigt rechts ein unbefestigter Weg zum See ab; ein Schild (‚River Side') weist auf einen kleinen, exklusiven Strand hin. **Exklusiv vor allem deshalb, weil sich dort der teuerste Kiosk des Comer Sees befindet**. Federico und sein Team zaubern aus einer Zwergenküche heraus zahlreiche Leckerbissen mit immer frischen Zutaten; Qualität hat allerdings seinen Preis und so bezahlt man für ein Panini schon einmal EUR 8 und ein Cappuccino schlägt mit EUR 4 zu Buche; Entrecôte kostet EUR 30, ein Teller Patatine (Pommes frites) EUR 5, der Service ist schnell und freundlich. Wer ein Boot hat, legt am Privatsteg an und verkostet die neuesten Kreationen der Küche. Am Wochenende und an bestimmten Terminen des Jahres finden Partys, DJ-Nights oder Konzerte statt. Das erfrischende Bad am Kiesstrand bei der Flussmündung wird fast zur Nebensache; für Kinder gibt es eine schwimmende Insel. Die Badestelle ist auch gut per Schiff erreichbar; steigen Sie dazu bei San Giovanni aus, durch den Ort und entlang einer Nebenstraße geht es in ca. 5 min. zum Strand; Toilette vorhanden.

Bellagio hat, wie viele Orte am Comer See, römische Wurzeln. Es heißt, schon Plinius der Jüngere habe etwa um 60 n. Chr. die Vorzüge des Ortes zu Studium und Jagd genutzt. Später spielte Bellagio als strategischer Punkt für die Einwohner Comos eine wichtige Rolle. In späterer Zeit standen die Familien Melzi und Serbelloni für die Entwicklung der Gemeinde Pate, die Anpflanzung von Maulbeerbäumen auf der ganzen Halbinsel sicherte das finanzielle Auskommen. Daneben blühten Fischerei und Landwirtschaft. Auf diese Weise legte Bellagio den Grundstein für den heute so bedeutungsvollen internationalen Tourismus und etablierte sich als eine der ersten Ferienregionen in Italien. Teile des Ortes wurden und werden vor allem in den USA originalgetreu nachgebaut. Berühmtestes Beispiel: Das Hotel-Casino Bellagio in Las Vegas mit künstlich angelegtem See, Fontänen, mediterranen Innenhöfen und hauseigenem botanischen Garten.

Shopping pur!
Salita Serbelloni und **Via Giuseppe Garibaldi**

Neben der beeindruckenden Seepromenade sind es vor allem zwei Straßen, die das Flair von Bellagio mitbegründet haben. Über die Salita Serbelloni steigt man, inmitten schöner und alter Häuserfassaden, vorbei an unzähligen Geschäften hinauf zur Via Garibaldi (Eltern mit Kinderwagen und Rollstuhlfahrer können über die Via Roma ausweichen). Die Via Garibaldi repräsentiert das ‚**eigentliche ursprüngliche Bellagio**'.

Die **Villa Serbelloni**

Im Jahre 1959 der Rockefeller-Stiftung vermacht, kümmert sich das Bellagio Foundation Center seither um die Fortsetzung einer Tradition: Hier wird es Künstlern ermöglicht, in absoluter Ungestörtheit und unter besten örtlichen und atmosphärischen Bedingungen eine mehrwöchige Schaffensphase einzulegen. Das ca. 200 000 m² große Anwesen erstreckt sich über die gesamte Spitze des Colle di Bellagio. Für die Öffentlichkeit werden die sehenswerten Gärten der Anlage zumindest von März bis November von 11 bis 16 Uhr geöffnet. Eintritt pro Person EUR 9,00, Kinder bis 13 Jahre EUR 5,00. Zweimal am Tag werden Führungen angeboten. Montags ist der Garten geschlossen. Treffpunkt für Führungen ist an der Piazza della Chiesa direkt neben der Kirche beim Turm.

Die **Villa Melzi**

Der heutige Eigentümer des Villenhotels ist Herzog Gallarati Scotti. Nur als Hotelgast kann man die Villa besichtigen, die Gärten sind allerdings der Allgemeinheit zugänglich. In den warmen Monaten sind sie täglich von 10 bis 18 Uhr geöffnet, Führungen sind möglich. Der Garten vereint heimische und tropische Pflanzen; Magnolien, Kamelien und Azaleen wetteifern mit Vertretern feuchtheißer Landstriche in aller

DIE VILLA MELZI STRAHLT IN HELLEM WEISS.

Welt. Die Villa ist ein Musterbeispiel für italienische Eleganz. Lungolario Manzoni. 22021 Bellagio. 0339 4573838. www.giardinidivillamelzi.it.

Die **Basilica San Giacomo**

Die dem heiligen Jakob geweihte Kirche wurde am Ende des 11. Jahrhunderts im romanischen Stil erbaut, in der Barockzeit wesentlich erweitert und im 20. Jahrhundert sehr leibevoll renoviert. Das Schmuckstück zeigt im Außenbereich den im 17. Jahrhundert veränderten und aufgestockten, aber ins Kirchenhaus inkludierten Kampanile. Seitlich der Kirche erkennt man noch die aus dem Mittelalter stammenden **Überreste dreier Apsiden**, im Inneren zeigen zahlreiche Kunstschätze das Können vieler Künstler aus den vergangenen sechs Jahrhunderten. Rechts neben der Kirche befindet sich **ein alter Wehrturm**, das einzige echte Überbleibsel von Bellagios einst mächtiger Befestigung, Neben der Kirche befindet sich ein kleines Tourismusbüro.

Für Liebhaber: **Museum für Navigationsinstrumente**

Das ‚Museo degli strumenti per la navigazione' zeigt nautische Instrumente und andere Utensilien, beispielsweise Fernrohre, mit deren Hilfe sich Seefahrer orientierten. Es ist in einem alten Turm untergebracht. Kombi-Tickets für das Museum in Verbindung mit anderen Sehenswürdigkeiten, z.B. der Villa Serbelloni, werden angeboten. Piazza Don Miotti. 22021 San Giovanni di Bellagio. 031 950309. www.bellagiomuseo.com.

Gut übernachten in Bellagio

(1) **Residenca la Limonera**. Ein kleines Juwel mitten im Ort in einem Zitronengarten. Via Bellosio, 2. 22021 Bellagio. 031 952124. www.residencelalimonera.com. Preise ab EUR 80,00 (DZ). (2) **Grand Hotel Villa Serbelloni**. Via Roma, 1. 22021 Bellagio. 031 950216. www.villaserbelloni.com. Die Villa Serbelloni ist eines der traditionsreichsten und elegantesten Hotels am Comer See. Besonderer Wert wird auf die Privatsphäre der Gäste gelegt. Die Villa verfügt über alle Annehmlichkeiten eines Fünf-Sterne-Hotels. Geöffnet von April bis September. Preise ab EUR 412,00 (DZ). (3) **Hotel Excelsior Splendide**. Via Lungo Lario Manzoni, 28. 22021 Bellagio. 031 950225. www.hsplendide.com. Das Excelsior Splendide ist ein Hotel im Zentrum von Bellagio, das seine Gäste in komfortablem Ambiente und in exzellenter Lage direkt am Seeufer willkommen heißt. Das Haus verfügt über Bar und Restaurant mit Seeterrasse, eine Eisdiele mit eigener Eisherstellung, einen großen Garten mit Schwimmbad und Fahrstuhl sowie Internet-Anschluss für Gäste. Preise ab EUR 130,00 (DZ). (4) **Hotel du Lac**. Piazza Mazzini, 32. 22021 Bellagio. 031 950320. www.bellagiohoteldulac.com. Das Hotel du Lac liegt in vorderster Linie an der Seepromenade Bellagios. Das elegante Haus bietet zusätzlich ein feines Ristorante, in dem regionale und internationale Spezialitäten angeboten werden. (5) **B&B Alla Torretta**. Via Nuova, 3. 22021 Bellagio. 031 951272. www.allatorretta.com. Für preisbewusste Urlauber in Bellagio. Preise ab EUR 80,00 (DZ). (6) **Residenza Antico Pozzo**. Salita Mella, 26. 22021 Bellagio. 031 950497. www.bellagioanticopozzo.it. Stilvolles Haus mit geschmackvoll eingerichteten Ferienappartements. Preise ab EUR 85,00. (7) **Camping Bellagio**. Via Valassina 170/c. 22021 Bellagio. 031 951325. www.bellagio-camping.com. Etwas abgelegen liegt der einzige Campingplatz

DER KÜNSTLER IST DEM ORIGINAL SEHR NAH GEKOMMEN.

Der Yachthafen Cadenabbia di Griante bietet viele wassersportliche Angebote, von hier aus kann man auch Schiffsausflüge in die nähere Umgebung unternehmen. Mit der Autofähre, die mindestens stündlich verkehrt, können Sie bequem die schönsten Orte des ‚Goldenen Dreiecks' anfahren. In Griante gibt es viele Strandbäder (inkl. beeindruckender Pools) der Hotels, die teilweise auch Nicht-Hotelgäste zulassen. Ansonsten kann man das öffentliche Bad ganz im Norden der Promenade, fast schon außerhalb des Ortes nutzen. Am See befindet sich das sauber geführte Strandbad ‚Lido di Cadenabbia' mit Restaurant, Bar und Diskothek. Lido di Cadenabbia. Via Regina - 22011 Cadenabbia. 0344 40414. www.lidodicadenabbia.com. Preise ab EUR 3,00.

Konrad Adenauer und die Villa Collina

Immer wieder besuchten berühmte Menschen diesen Uferstreifen, und einige kehrten gerne zurück: So verbrachte Konrad Adenauer viele Jahre lang hier seinen Urlaub. Durch seinen Außenminister Brentano, des-

sen Wurzeln am Comer See lagen, wählte Adenauer 1957 Cadenabbia zum ersten Mal als Urlaubsort, nachdem er seine Ferien lange Zeit in der Schweiz verbracht hatte. Als die eidgenössische Presse aber zunehmend spöttelte, dass Adenauer Deutschland von der Schweiz aus regiere, da wichtige Entscheidungen im Urlaub getroffen würden, entschied sich Adenauer zum Wechsel. Es war ihm gar nicht recht, dass so viel Aufhebens um seinen Urlaub gemacht wurde. Damit war der Beginn einer langen Freundschaft besiegelt. Eilig wurde in Cadenabbia alles in Gang gesetzt, um die Villa Collina aus ihrem Winterschlaf zu erwecken. Die Besitzer, eine italienische Adelsfamilie, nutzten das Haus zwar als Sommerdomizil, hatten es jedoch die letzten Jahre kaum aufgesucht. Adenauer ließ eine neue Inneneinrichtung einbauen, wobei einige Hotels der Umgebung mit Möbeln aushalfen. Insgesamt verbrachte Adenauer gut zehn Jahre lang seine Ferien am Comer See. Stets brachte er seine Familie und seine Mitarbeiter mit, die alle in der Villa Collina untergebracht wurden. Die Medien sprachen von Urlaub ohne Ferien, da Adenauer in Cadenabbia auch arbeitete. Später kaufte die Konrad-Adenauer-Stiftung die Villa und betreibt sie bis heute als Kongresshaus. Sie steht auch für Hochzeiten und Urlaube zur Verfügung. Villa Collina. Via Roma 11. 22011 Cadenabbia. 0344 441-11. www.kas.de.

Zur **Wallfahrtskirche San Martino**

Unmittelbar oberhalb des nördlichen Griantes thront die Kapelle San Martino, die über einen Wanderpfad in einer knappen Stunde zu erreichen ist. Der Blick, der sich von dort oben zur Bellagio-Halbinsel ausbreitet, ist beeindruckend. Von der Kapelle aus führt ein weiterer Weg zum Gipfel des Sasso Martino (862 m). Ausgangspunkt der Tour ist ein ‚wilder Parkplatz' im oberen Ortsteil, den man am besten über die nördliche Ortsstraße erreicht; folgen Sie einfach der Ausschilderung ‚**Chiesa San Martino**'. Am Straßenrand zweigt der meist über gepflasterte Treppen führende Pfad erst schattig, später on offenem Gelände wenig bis mittel steil nach oben. Den gesamten Weg über passiert man eine Art ‚Kreuzweg', Jesu Lebensweg bis zur Auferstehung, in Mosaik dargestellt und mit lateinischen Untertiteln versehen. Leider ist die Kapelle verschlossen, so dass man sich allein am Ausblick auf den See erfreuen kann.

Übernachten in Griante und Cadenabbia

(1) **Grand Hotel Cadenabbia**. Via Regina, 1. 22011 Cadenabbia Griante. 0344 40418. www.grandhotelcadenabbia.it. Einziges Vier-Sterne-Haus am Ort. Schöne Lage am See, nur durch die Uferstraße vom Strand getrennt. Eine Umgehungsstraße ist vorhanden, doch zieht die Villa Carlotta viele Besucher und damit viel Parkplatzsuchverkehr an. Preise ab EUR 90,00 (EZ). (2) **Hotel Britannia Excelsior**. Via Regina, 41. 22011 Cadenabbia Griante. 0344 40413. www.hotelbritanniacadenabbia.com. Nobles und kürzlich renoviertes Haus direkt am Comer See, bei Briten sehr beliebt. Preise ab EUR 60,00 (EZ). (3) **B&B Casa Pini**. Via Brentano, 12 F. 22011 Griante. 0344 37302. www.casapini.com. Sehr schöne Lage, etwas abseits vom großen Rummel. Die familiär geführte Pension sorgt für einen angenehmen Aufenthalt. Preise ab 30,00 (EZ).

Gut essen in Griante und Cadenabbia

(1) **Ristorante Belle Isole**. Via Regina, 25. 22011 Cadenabbia. 0344 41003. Ca. 200 Meter von der Villa Carlotta entfernt, mit wunderschönem Garten. Leistung und Preise sind leicht überdurchschnittlich. (2) **Ristorante La cucina della Marianna**. Via Regina, 57. 22010 Griante. 0344 43111. www.lamarianna.com. Ausgesuchte Zutaten, verschiedene Qualitätsweine, freundlicher Service. Montag Ruhetag.

Menaggio

Menaggio ist neben Como und Gravedona und Domaso das Tourismuszentrum am Westufer des Comer Sees. **Urlauber schätzen die angenehme Atmosphäre rund um den alten Ortskern**, indem sich Geschäfte, Cafés und Ristorante zu einem urlauberfreundlichen Ensemble zusammenfinden. Die ‚**Piazza centrale**' direkt am Seeufer zieht in und außerhalb der Saison viele Gäste an, die genau dieses lebendige Ambiente schätzen. **Raum für ausgiebige Spaziergänge bietet die ansprechend gestaltete Promenade**, die vom alten Fischerhafen bis zum kürzlich renovierten Strandbad im Norden Menaggios führt. Unterwegs gibt es verschiedene Einkehrmöglichkeiten und stimmungsvolle Ausblicke auf den Comer See. Minigolfspieler finden am nördlichen Ende eine ansprechende Anlage mit angrenzendem Seerestaurant.

Menaggio ist seit geraumer Zeit auch Anziehungspunkt für Kunstschaffende aus aller Welt, die sich hier niedergelassen haben, um ihrer Berufung nachzugehen. **Entsprechend zahlreich sind die Galerien, die in der Saison mit Vernissagen aufwarten.** Was das Übernachten angeht, haben die Gäste hier die Wahl: vom Vier-Sterne Grandhotel über eine Jugendherberge bis zum Campingplatz ist alles geboten.

Menaggio ist nicht nur deswegen ein Musterbeispiel für gelungenes Tourismus-Marketing: **Das Informationsbüro hält für die Gäste auch Angebote in zahlreichen Sprachen bereit.** Tipps für die Freizeitgestaltung, Hilfe bei der Quartiersuche und kompetente Beratung zu beinahe allen Themen finden Sie hier in großem Umfang. Kein Wunder, dass Menaggio in der Hauptsaison stets gut besucht ist. Dankenswerterweise haben die Verantwortlichen für Entlastung vom Straßenverkehr gesorgt: Eine zugegebenermaßen nicht eben hübsche, aber zweckmäßige Umgehungsstraße auf halber Höhe befreit den Ortskern wirksam vom störenden und gefährlichen Durchgangsverkehr. Noch vor rund zehn Jahren quälten sich täglich mehrere Tausend Fahrzeuge durch die nur einspurig befahrbare Hauptstraße, was die Urlaubsfreude maßgeblich beeinträchtigte. Heute wird der Verkehr schon weit vor dem Ort von den neu gebauten Tunnelanlagen umgeleitet.

HAFEN UND GRAND HOTEL IN MENAGGIO

Die Anbindung an die wichtigen Auto- und Personenfähren im ‚**Goldenen Dreieck**' zwischen Bellagio, Varenna und Tremezzo ist selbstverständlich ein Gewinn für Menaggio. Im Hinterland führt eine gut ausgebaute Straße vorbei an verschiedenen kleineren Seen via Luganer See in die Schweiz und erschließt damit eine Vielzahl zusätzlicher Freizeitangebote. **Menaggio verfügt aber auch im näheren Umfeld über ein dichtes Netz an Wanderwegen**. Sportfreunde finden ein ausreichendes Angebot vor, im Bau befindet sich jetzt sogar ein Yachthafen im Norden Menaggios. Allerdings fehlt ein großzügiger Strandbereich in Ortsnähe, sodass der Badetourist auf das Strandbad Lido Giardino (mit Swimmingpool, eintrittspflichtig) am Ende der Promenade oder an die Strände weiter im Norden ausweichen muss. Für Kinder hält die Gemeinde eine Stadtrallye bereit, die der ganzen Familie als Erkundungstour dient. Man kann sie als PDF von der Website des Tourismus-Büros herunterladen oder vor Ort mitnehmen. **Unbestrittener Mittelpunkt Menaggios ist die Piazza Garibaldi**, wo sich auch das Tourismus-Büro (das beste am ganzen See) befindet. Entlang der Via Calvi wetteifern mehr oder weniger nützliche Geschäfte um die Gunst der Besucher, rechterhand erscheint die kleine Chiesa S. Marta.

Die **Chiesa Santo Stefano**

Die Pfarrkirche Menaggios präsentiert sich seit Anfang des 20. Jahrhunderts in ihrer heutigen Gestalt. Überlieferungen belegen, dass das Gotteshaus ursprünglich genau andersherum ausgerichtet war. Zahlreiche Kunstwerke heimischer Künstler säumen das Kircheninnere. **Besonders bemerkenswert ist die Darstellung des Martyriums des Stephanus, der sich zu Jesus bekennt und damit den Zorn des Hohen Rats auf sich zieht.** Als Stephanus sein Bekenntnis nicht zurückzieht und die Worte ‚Ich sehe den Himmel offen und den Menschensohn zur Rechten Gottes stehen' spricht, packen ihn die Gelehrten und steinigen ihn.

Das **Castello di Menaggio**

Das Castello geht auf das 10. Jahrhundert zurück, die Türme stammen aber bestenfalls aus dem 12. Jahrhundert. Als Schutz- und Zollanlage gebaut, wurde in der Folgezeit vieles verändert und umgebaut. Leider kann das Castello normalerweise nicht besichtigt werden.

Die **Villa Vigoni**

Interessant ist auch der Besuch der Villa Vigoni, dem Sitz des ‚**Deutsch-Italienischen Zentrums für den europäischen Dialog**', im gleichnamigen Stadtteil. Die sehenswerte Sammlung von Kunstschätzen und Möbeln, die hier ihren Platz hat, ist donnerstags um 14:30 Uhr im Rahmen einer Führung durch Villa und Garten zu besichtigen. Treffpunkt ist an der Rezeption, der Eintritt beträgt 10 € (2012) Villa Vigoni e.V. - Deutsch-Italienisches Zentrum. Via Giulio Vigoni, 1. 22017 Loveno di Menaggio. www.villavigoni.eu

Einzigartig am See: **Acque Minerale Val Menaggio**

Wie bereits beschrieben, entstand der Comer See aus abrutschenden Gletschern am Ende der Eiszeit. Das Wasser, das durch die Erderwärmung frei wurde, suchte sich über Jahrtausende u.a. einen Weg durch die Gesteinsschichten der umliegenden Berge. Noch heute werden diese Versickerungswege von Regenwasser, wasserführenden Schichten und anderen Zugängen gespeist. **In Plesio, einem kleinen Ort oberhalb von Menaggio, tritt eine solche unterirdische Wasserführung auf einer Höhe von 750 m an die Oberfläche.** Es ist der Geburtsort der einzigen Mineralwasserquelle am Comer See, der **Chiarella-Quelle.** Seit 1964 wird sie wirtschaftlich genutzt und liefert heute ihr Wasser an viele Händler Europas. Inzwischen bietet die Acque Minerale Val Menaggio S.p.A. drei Produktlinien an: die Sorten Chiarella, Fontelaura und Paraviso, wobei die letzteren zwei aus benachbarten Quellen in Richtung Porlezza stammen. Ursprünglich wurde das Wasser aus Plesio nur in Glasflaschen abgefüllt, für viele Wasserliebhaber ein absolutes Muss. Doch 1989 konnte sich auch diese Quelle dem Zeitgeist nicht mehr entziehen und stellte die Abfüllung teilweise auf PET-Flaschen um. Das Unternehmen beliefert Supermärkte, Feinkostgeschäfte und Restaurants. Große Mengen Wasser gehen auch ins Ausland, wo es unter anderen Labels vermarktet wird. Die bekanntesten sind Odemus aus Hamburg und Denner aus der Schweiz. Ein kleines Hindernis gibt es allerdings auf dem Weg in die Geschäfte: Da die Straßen rund um Plesio für das Gewicht großer LKWs nicht ausgelegt sind, muss das Wasser für den Transport zu den großen Abnehmern zunächst auf kleinere LKW verladen und außerhalb von Menaggio auf 40-Tonner umgeladen werden. Via Mulini, 99 - 22010 Plesio. 034437 200. www.chiarella.it.

In Richtung Luganer See:
der Lago di Piano

Der Lago di Piano liegt auf der Strecke Menaggio-Lugano gut zwei Kilometer vor den Toren Porlezzas im gleichnamigen Naturschutzgebiet. **Ein 1,5-stündiger Fußmarsch von Croce** (weiter nach Bene Lario) oberhalb von Menaggio führt sie zum Naturschutzgebiet. Natürlich ist auch eine Anfahrt mit dem Auto möglich. **Am See beim Parkplatz befinden sich ein Restaurant, der Anfang der Rundwanderung, eine Bootsvermietung und eine Infotafel.** Etwas weiter östlich tauchen schnell der Campingplatz und weitere touristische Angebote auf. Im Frühjahr und Herbst kann man hier seltene Vogelarten beobachten.

Legendär: **Der Golf Club Menaggio & Cadenabbia**

Nicht nur George Clooney und seine Gäste aus Hollywood lieben den Golf Club Menaggio & Cadenabbia an der Straße zwischen Lugano und Menaggio in Grandola ed Uniti. Die sehr hügelige 18-Loch-Anlage genügt höchsten Anforderungen und zieht Urlauber aus Deutschland, der Schweiz, England und Italien an. Auf einer Länge von 5 445 m sind 455 m Höhenunterschied zu bewältigen. Via Golf, 12. 22010 Grandola ed Uniti. 0344 32103.

Hausberg von Menaggio: **Der Monte Grona**

Der Aufstieg zum Monte Grona gehört zum Pflichtprogramm eines Comer See-Aufenthalts. Auch die Bewohner der Gemeinde Menaggio besteigen zu Saisonbeginn, veranstaltet vom hiesigen Alpenverein, den Gipfel. Auf dem Weg nach oben gehört der Besuch des Rifugio Menaggio dazu.

Übernachten in Menaggio

(1) **Grand Hotel Menaggio.** Via IV Novembre, 77. 22017 Menaggio. 0344 30640. www.grandhotelmenaggio.com. 1988 komplett renoviert, bietet das Haus zwischen altem Fischer- und Fährhafen alle Annehmlichkeiten eines Vier-Sterne-Hauses. Sehr zentral gelegen mit Gartenpark, Swimmingpool u.v.a.m. Störend könnte der Straßenlärm der anliegenden Durchgangsstraße sein. (2) **Grand Hotel Victoria.** Via Benedetto Castelli, 9/13. 22017 Menaggio. 0344 32003. www.grandhotelvictoria.it. Bezaubernd in einem parkähnlichen Garten gelegenes Hotel mit höchstem Komfort. 1980 völlig renoviert, bietet es Vier-Sterne-Komfort der Extraklasse. Hohe, mit Stuck verzierte Räume, geschmackvolles Inventar und Service zeichnen das Haus aus. (3) **Hotel Albergo Loveno**. Via Nazario Sauro, 55. 22017 Menaggio. Tel. 0344 32110. www.hotelloveno.it. Liebevoll ge-

führtes Hotel in schöner Lage oberhalb der Ortsmitte im Stadtteil Loveno. Preise ab EUR 40,00 (EZ). (4) **Hotel Royal**. Largo Vittorio Veneto,1. Loveno Menaggio Co. 0344 31444. www.royalcolombo.com. Schönes Anwesen etwas oberhalb des Ortes. Preise ab EUR 100,00 (EZ). (5) **Youthhostel La Primula**. Via IV Novembre, 106. 22017 Menaggio. 0344 32356. www.menaggiohostel.com. Zehn Schlafräume bieten Platz für ca. 50 Personen. Der Seeblick von der Terrasse auf den See ist wunderbar, die Straße verläuft unterhalb. Zentral am Südende des Ortes gelegen, ca. 5 min. zum Zentrum, 1 min. zum Fährhafen. Verleih von Fahrrädern; Gruppenveranstaltungen und Segelkurse buchbar. Preise ab EUR 18,00 (MZ). (6) Camping Europa. Via Cipressi, 12. 22017 Menaggio. 0344 31187. Kleiner, mittelprächtiger Platz am Nordende von Menaggio. Eine Bar, ein Minimarkt, die üblichen Einrichtungen und ein netter kleiner Strandstreifen. Im Sommer ist er schnell überfüllt. Eher nur für Zwischenstopps. (7) **Rifugio Menaggio**. 2210 Plesio. 0344 37282 oder 388 3494812. www.rifugiomenaggio.eu. In knapp 1 400 m Höhe, auf dem Rücken des Monte Grona, liegt diese Berghütte mit 24 Betten. Hier kann man sich einer zünftigen Mahlzeit und eines wunderbaren Blicks erfreuen. Kult!

Gut essen in Menaggio

Menaggio bietet eine große Auswahl an kulinarischen Angeboten, von einfachen Snacks über himmlische Pizza bis hin zu gehobener Küche. Auch in höher gelegenen Ortsteilen wie Loveno, Plesio oder Croce finden sich empfehlenswerte Lokale. Unser Tipp: Probieren Sie einfach drauflos, vor allem einheimische Spezialitäten. (1) **Ristorante Pizzeria Lugano**. Via Como, 26. 22017 Menaggio. 0344 31664. Gute Pizza und Pasta zu attraktiven Preisen. Klassisches Ambiente einer italienischen Pizzeria. (2) **Il Ristorante di Paolo**. Largo Cavour, 5. 22017 Menaggio. 0344 3213. Ausgewogene Auswahl an Gerichten. (3) **Ristorante la Veranda**. Via IV Novembre, 77. 22017 Menaggio. 0344 30640. Das Lokal im Grand Hotel Menaggio bietet Küche von guter Qualität mit regionalen und internationalen Speisen. Bevorzugte Lage direkt am See, schön und geschmackvoll eingerichtet.

Gerade hier in der Mitte des Comer Sees ist eine leistungsfähige Schifffahrt wichtig. Massen von Menschen, Fahrrädern, Autos, LKWs, Bussen und Wohnmobilen wollen von A nach B gebracht werden. Beeindruckend, wie das Personal diese Aufgabe unaufgeregt und professionell erledigt. Nur zwischen 12.30 und 13.30 Uhr stehen die Fähren still und treiben scheinbar manövrierunfähig auf der Seemitte. Die Siesta ist heilig und bleibt hier ungestört. Zur Geschichte: Am Anfang des 19. Jahrhunderts genügten an vielen Standorten Europas die bestehenden Verkehrs- und Handelswege aufgrund der rasanten Entwicklung in der Wirtschaft und im Handel nicht mehr. Die Straßen auf den Hauptverkehrsrouten waren oft in gnadenlos schlechtem Zustand, auch entlang des Comer Sees. Kutschen und andere von Pferden gezogene Transportwagen konnten die Warenlieferungen und den Personentransport nicht mehr bewältigen. Ein modernes Transportwesen musste her. 1826 wurde schließlich das erste Dampfpersonenschiff am Comer See in Betrieb genommen: die ‚Lario'. Das Schwesterschiff ‚Verbano' kam zeitgleich auf dem Lago Maggiore zum Einsatz. Beide waren mit einem 12 PS-Motor noch bescheiden ausgerüstet. Die erste regelmäßige Schiffsverbindung führte damals von Como nach Domaso und zurück. Schnell kamen weitere Schiffe hinzu, wie die Plinio, die Lecco mit Domaso verband: Um 1840 endlich war das Schifffahrtsnetz ausreichend ausgebaut, 1872 verfügten die neuesten Dampfschiffe auf dem Comer See bereits über 400 PS Motorenleistung, für damalige Verhältnisse ein sehr guter Wert. In den späten Zwanzigern wurde mit der ‚Trento' das erste Personenschiff mit **Schraubenantrieb** in Betrieb genommen, das immerhin 24 Meter lang war. Die Dreißiger Jahre bis zum Ende des Zweiten Weltkriegs verliefen mehr schlecht als recht, bis Treibstoffmangel und die ständige Gefahr der feindlichen Zerstörung die Flotte schließlich zum Erliegen brachte. Einige Schiffe wurden daraufhin zwischen Ossuccio und der Isola Comacina eingelagert und getarnt. Nach dem Krieg wurde der Betrieb zunächst wieder aufgenommen, bis 1952 die Insolvenz folgte. Die neue staatliche Führung investierte daraufhin neu und brachte das Unternehmen wieder in Gang. Viele neue Schiffe wurden in Dienst gestellt, mit der Fährverbindung zwischen Menaggio, Bellagio und Varenna eine längst notwendige Maßnahme realisiert. Die Tragflächenboote bilden den krönenden Abschluss einer fast 150 jährigen Geschichte. Das älteste auf dem Comer See verkehrende Schiff ist die 1962 in Dienst gestellte ‚Concordia', die noch regelmäßig und nostalgisch viele Besucher über den See transportiert. www.navigazionelaghi.it. Das Angebot an Fahrten auf dem Comer See ist vor allem in den Sommermonaten sehr vielfältig. Von Como aus starten die meisten Ausflugsschiffe mit unterschiedlicher Reichweite. Einige fahren nur bis Onno, andere bis Nesso und Urio. In den Sommermonaten werden zusätzliche Schiffe für die Gegend des Centro Lago eingesetzt, die auch Colico anlaufen. Die Schnellboote befahren den ganzen See, Winter wie Sommer.

Infos unter www.navigazionelaghi.it

GESTIONE NAVIGAZIONE LAGHI ITALIA

NAVIGAZ

DIREZIONE DI ES

Tel. +39 (0)31.5

www.navigazion

DAL 29 NOVEMB

dro 1)

ntile da COMO n° / er from COMO no.		4	4	5		4	4	4	4	4		5	4		4
CALI / CORSE		SR100 (Fer.)	SR102 (Fer.)	404 (Fer.)		406 (Fer.)	408 (Fer.)	410 (Fer.)	312 (Gior.)	318 (Gior.)		SR208 (Fest.)	320 (Gior.)		32 (Gic
MO		7.10	7.33	7.35		8.15	8.45	9.00	9.15	10.15		11.10	11.15		12.
ernola P		7.03		7.43		8.23	8.53	9.08	9.23	10.23			11.23		12.
nobbio		SERVIZIO RAPIDO FAST SERVICE	SERVIZIO RAPIDO FAST SERVICE	7.48		8.28	8.58	9.13	9.28	10.28		SERVIZIO RAPIDO FAST SERVICE	11.28		12.
trasio				7.59		8.39	9.14	9.24	9.39	10.39			11.39		12.
no				8.13		8.44	9.08	9.29	9.44	10.44			11.44		12.
)				8.05		- -	- -	|	- -	- -			- -		12.
nana L.				- -				9.41							.
GEGNO		7.34						- -				11.31			
zeno			7.56									|			
no			8.25									11.41			
EMEZZO (10)		7.49	8.19									11.46			
LAGIO		|	8.13									11.55			
NAGGIO		7.57 (6)	8.08									12.02			
RENNA		- -										|			
LANO												12.11			
go												12.23			

Lenno

Lenno am Westufer des Comer Sees ist kein unbedeutender Ort: Zusammen mit seiner Nachbargemeinde Ossuccio nimmt er eine zunehmend wichtige Rolle im Tourismus der Region ein. **Die Lage des Ortes rund um die Bucht von Venere ist malerisch.** Viele Touristen kommen mit dem Ausflugs- oder Linienschiff am nördlichen Ende der Bucht an. Entlang des mit altem Baumbestand versehenen Ufers kann man in zahlreichen Restaurants, Cafés und Eisdielen das rege Treiben beobachten und örtliche Spezialitäten genießen. Zudem bieten mehrere Hotels/Albergos ansprechende Zimmer zu immer noch fairen Preisen.

Ungefähr in der Mitte der Promenade öffnet sich die Szenerie hin zum zentralen Platz mit der Tourismus-Information, dem Rathaus, dem Gefallenen-Denkmal, dem alten **Baptisterium** und der **Pfarrkirche Santo Stefano**; alles sehr lieblich, nur die parkenden Autos stören ein wenig. Am südlichen Ende der Bucht befindet sich ein Shuttleboot-Service, der Gäste im 20-Minuten-Takt zur berühmten **Villa Balbianello** bringt. Die Villa ist auch zu Fuß erreichbar. Im Sommer gibt es regelmäßig Veranstaltungen, die mit Musik, Drinks und Häppchen einhergehen. Eine schöne Gelegenheiten, das Anwesen der Villa Balbianello näher kennenzulernen. Am Ende der großen Bucht südlich des Hafens liegt ein kleiner, mit Sand aufgeschütteter und eintrittspflichtiger Strandabschnitt (Lido di Lenno) mit Restaurantbetrieb. **Nett ist der kleine Strandbereich unterhalb des Hotels San Giorgio**; über die Brücke am Schiffsanleger erreicht man eine kleine Liegewiese mit Kiosk (Chiosco di Venere) und einen schmalen Kiesstrand mit guter Wasserqualität, also wenig ‚Kruscht' im Wasser.

Die **Pfarrkirche Santo Stefano**

Das Gotteshaus steht direkt an der Strada Regina im Ortskern des alten Lenno. **Bei Renovierungsarbeiten wurden einst unter dem Boden Reste von römischen Anlagen gefunden.** Ob sie zur ‚Villa des Plinius' gehören, konnte bis heute nicht zweifelsfrei bestätigt werden. Die Fundstücke, darunter zwei römische Säulenfragmente, sind im Archäologischen Museum in Como ausgestellt. Die prächtig renovierte Kirche war

IN LENNO SITZT MAN ZUM ESSEN DIREKT AM SEE.

ursprünglich eine frühchristliche Kultstätte, die im Laufe der Jahrhunderte ständig erweitert und umgebaut wurde. Ein paar Meter östlich steht das sehenswerte romanische Baptisterium (Taufkapelle) di San Giovanni aus dem 11. Jahrhundert. Interessant ist ebenfalls der Besuch der Anlagen des ehemaligen Zisterzienserklosters **Maria dell'Acquafredda** an der Strada dell'Alpe kurz unterhalb der Berggrenze. Heute kann man sich dort zu religiösen Auszeiten zurückziehen. Die Kirche ist sehenswert, viele Kunstwerke und Zeugen der alten Baustruktur sind zu erkennen.

Unvergleichlich: **Die Villa del Balbianello**

Die Villa gehört zu den schönsten am Comer See, was sie unter anderem ihrer Lage am äußersten Ende einer hügeligen Landzunge verdankt. Sie wirkt wie mit der Landschaft verwachsen, wozu der aufwendig gestaltete, stets sattgrün leuchtende Park beiträgt. Das Haus steht auf den Überresten eines Franziskanerklosters. Gegen Ende des 18. Jahrhunderts kaufte Kardinal An-

DIE VILLA BALBIANELLO IST EINE AUGENWEIDE.

gelo Maria Durini das Gelände und verlieh ihm seine heutige Gestalt. Seither haben verschiedene Besitzer das Anwesen erweitert, renoviert und immer wieder leicht verändert. **Der bekannteste ist Guido Monzino, der Leiter der ersten italienischen Expedition zum Mount Everest.** Die Villa gehört inzwischen zu den Top-Zielen am Comer See. Kinobesucher kennen sie aus Filmen wie Star Wars II, Oceans Twelve und nicht zuletzt aus dem Bond-Streifen Casino Royal mit Daniel Craig in der Hauptrolle. Das Innere der Gebäude steht Besuchern nur selten offen, da sie sich im Privatbesitz befinden. Wer die Kosten für den Shuttle meiden will, kann auch einen Spaziergang zur Villa machen: Die Pfade beginnen am Fuße des Hügels beim Strandbad; Parkplätze sind in ausreichender Zahl vorhanden. Zweigen Sie dazu auf Höhe des Campingplatzes beim Dino-Markt je nach Fahrtrichtung links oder rechts ab.

Öffnungszeiten: April bis Oktober dienstags, donnerstags, samstags und sonntags von 10 bis 12.30 Uhr und 16 bis 18 Uhr (eintrittspflichtig).

Ein wunderbarer Berg: **Der Monte di Tremezzo**

In Lennos Rücken befindet sich mit den Bergen **Monte Galbiga** (1 691 m), **Monte Crocione** und **Monte di Tremezzo** (1 639 m) eine große Herausforderung für Bergfreunde. Der direkte Aufstieg ist beschwerlich und kräftezehrend. Die Tourismus-Büros der angegliederten Gemeinden empfehlen daher die Auffahrt per Auto über Argegno/San Fedele Intelvi nach Pigra und bei Bedarf noch weiter zum Rifugio Boffalora. **Alternativ und sehr interessant ist die Fahrt mit der Seilbahn von Argegno nach Pigra**, von dort weiter nach eigenem Ermessen. In dem baumlosen Wandergebiet treffen Sie auf zwei Hütten: das Rifugio Venini und das Rifugio Boffalora; beide haben in der Regel an den Wochenenden geöffnet, im Sommer meist auch unter der Woche. Bitte rufen Sie kurz dort an, um sich Enttäuschungen zu ersparen. Von den genannten Gipfeln haben Sie einen Rundumblick bis hinunter zum Luganer See. Auf dem Weg treffen sie hin und wieder auf Befestigungsanlagen (samt Geschützen) aus den Weltkriegen. Rifugio Venini. Lenno. Monte Galbiga. 0344 56671. GPS: 46°0'31" N, 9°10'2". Rifugio Boffalora. Ossuccio. Monte di Lenno. 034 456486. GPS: 45°55'9" N, 8°3'45" E.

Übernachten in Lenno

(1) **Albergo Lenno**. Via Lomazzi, 23. 22016 Lenno. 0344 57051. www.albergolenno.com. Gut geführtes Vier-Sterne-Haus mit langer Tradition. Der Gast erhält hier die Aufmerksamkeit, die er von einem solchen Haus erwartet. Schöne Lage direkt am Ufer in der Bucht von Lenno; Schiffsanlegestelle und Villa Balbianello in Laufweite. Preise ab EUR 80,00 (DZ). (2) **Hotel San Giorgio**. Via Regina, 81. 22016 Lenno. 0344 40415. www.sangiorgiolenno.com. Schönes Drei-Sterne-Haus mit eindrucksvollen Gartenanlagen direkt am Seeufer. Mit Liebe fürs Detail haben die Betreiber hier eine Oase der Ruhe geschaffen. Preise ab EUR 100,00 (DZ). (3) **Rifugio Venini**. Lenno. Monte Galbiga. 0344 56671. Ordentlich ausgestattete Hütte unterhalb des mächtigen Galbiga. Gute Speisen und Übernachtungsmöglichkeiten; ganzjährig geöffnet (von November bis April nur Samstag und Sonntag); mit dem Auto erreichbar! Preise ab EUR 10,00 (MZ). (4) **Camping La' Vedo**. Via degli Artigiani, 3. 22016 Lenno. 0344 56288. Für einen Campingplatz direkt im Ort recht schön angelegt. Trotz

vieler Dauercamper gibt es meistens Platz, nur in der Hochsaison kann es schon mal eng werden. Ein Teil des Platzes liegt an der Hauptstraße, das Campen hier ist dennoch nicht ganz billig.

Gut essen in Lenno

(1) **Ristorante Albergo Lenno**. Via Lomazzi 3. 22016 Lenno. 0344 5515. Die Tische stehen auf dem Gehweg, Passanten laufen daran vorbei. Nettes und gutes Hotel, noch besseres Restaurant. (2) **Trattoria Santo Stefano**. Piazza Undici Febbraio, 3. 22016 Lenno. 0344 55434. www.santostefano.too.it. Hochdekorierte Trattoria mit nach eigenen Angaben genuiner Küche. Beste Zutaten, zubereitet nach regionalen und traditionellen Rezepten, ergeben unvergesslichen Gaumenschmaus. Auf die Gemütlichkeit einer Trattoria muss dabei nicht verzichtet werden. (3) Café Sport. Viale C. Lomazzi, 5. 22016 Lenno. Für kleine Gerichte, in Bestlage. TIPP | **Snack Bar Il Golfo** (direkt am Hafen) Beste Pizza am Ort, für eine Snackbar ungewöhnlich. Noch besser sind die Croissants am Morgen; selbst gebacken und vorzüglich im Geschmack. Absolut empfehlenswert!!!

Mezzegra

Der Ort zwischen Lenno und Tremezzo wird vergleichsweise wenig beachtet. Dabei kann er sowohl eine gefällige Uferlinie als auch einen alten, sehenswerten Ortskern namens ‚Bonizago' aufweisen. Schön ist auch das kleine Uferzentrum mit Piazza, Bar und kurzer Seepromenade (Parken kann man direkt an der Kreuzung). Am südlichen Ortsende befindet sich ein kleiner Strandbereich. Mezzegra kam zu zweifelhaftem Ruhm, als **Benito Mussolini** Ende April 1945 in Giulino di Mezzegra vor der Villa Belvedere zusammen mit seiner Frau hingerichtet wurde. Vor dem Haus ist ein einfaches Kreuz angebracht: Via XXIV Maggio, 15. 22010 Mezzegra/Stadtteil Azzano (beim Supermarkt Crai der Beschilderung ‚Fatto storico di 28.04.1949' folgen). In der Via Riale, 4 befindet sich zudem das Haus, in dem Mussolini und Petacci die Nacht davor verbracht haben. Das Zimmer wurde seitdem nicht mehr verändert. Am Geburts- und Todestag gedenken immer noch Anhänger des Duce mit Kränzen und Blumen. Mehr Infos zu Mussolini siehe Dongo. Anziehungspunkt für Anwohner des gesamten Sees ist das jährlich stattfindende ‚**Festa del Missoltino**', das an die traditionelle Herstellung des besagten Fisches erinnert. Die bedeutende **Pfarrkirche di Sant Abbondio** zu finden ist nicht einfach. Sie thront über dem Ort an der gleichnamigen Piazza mit schöner Panoramaaussicht. Im Inneren finden sich einige Gemälde und ein mit Blattgold verzierter Altar. Von hier aus ist der direkte Zugang zum **Monte Tremezzo** möglich. Am Friedhof vorbei führt der Weg erst durch offenes Gelände, später durch den Wald. Unterwegs passiert man links eine Felsgrotte. Durch eine Schneise im Fels überwindet man die Felskette und erreicht schließlich nach 2,5 h den tollen Aussichtsberg. Kaum beschildert.

Übernachten in Mezzegra

(1) **Hotel Lario**. Via Statale Regina, 48. Mezzegra. 0344 43191. www.hotellario.it. Gutes Hotel in einer schönen Lage und wundervollem Pool. Preise ab EUR 100,00 (DZ). (2) **Residence Celeste**. Via Giulia Brentano, 3/5. 22010 Mezzegra. 0344 43017. www.residence-celeste.com. Ferienwohnungen mit Swimmingpool, Sauna und Blick auf den See.

Fisch, der am Comer See eine sehr weit zurückreichende Tradition hat. **Die Misultin sind getrocknete, eingesalzene kleine Fische**, die seit jeher eine wichtige Einnahmequelle der Fischer in der Gegend von Tremezzo darstellen. Mitte September feiert das Örtchen Mezzegra jedes Jahr das Fest ‚**Sagra dei Misultin**' zu Ehren dieser Fischspezialität. Grundlage dafür ist die Finte (ital. Agone), eine Unterart des Herings, auch Elbe genannt, die bis zu 50 cm lang und 2 kg schwer wird. Gefangen wird der Fisch in den Monaten Mai bis Juni, ab Juni ist das Fischen der laichenden Weibchen verboten. Nach dem Fang, der mit kleinen Netzen betrieben wird, muss der Fisch trocknen. Dies geschieht im Freien mit Hilfe der Sonne. Die Finte wird auf eine Schnur aufgefädelt und dann, zwischen Holzständer eingespannt, der Sonnenwärme ausgesetzt. Vorher aber werden die Innereien per Hand entfernt. Dazu wird der Bauch des Fisches zwischen Daumen und Zeigefinger ausgestriffen, bis die Innereien hinter den Kiemen austreten. Wegen des späteren Verzehrs wird sorgfältig darauf geachtet, dass keine übel schmeckenden Reste zurückbleiben.

Ist der richtige Trocknungsgrad erreicht, werden die Fische sternförmig in ein Holzfass (Misolta) eingelegt. Zwischen jeden Fisch gehört ein Lorbeerblatt. Ist die Misolta bis 2 cm unter dem Rand gefüllt, wird sie von einer runden Holzscheibe aus Hartholz bedeckt und unter Druck mehrere Wochen fest verschlossen. Die Verschlussschraube wird in dieser Zeit immer wieder nachgezogen, wodurch sich Qualität und Geschmack deutlich verbessern sollen. **Vor dem Verzehr werden die Misultin mit Olivenöl beträufelt und kurz auf einem sehr heißen Grill angebraten.** Serviert werden sie an der Seite einer kräftig angebratenen Polentaschnitte.

DIE KAPELLE AUF DER ISOLA COMACINA

Der rund 30 km nördlich von Como liegende Ort ist auf zweierlei Weise interessant: Zum einen liegt er genau gegenüber der einzigen Insel am Comer See, der **Isola Comacina**. Zum anderen besitzt er mit dem **Sacro Monte di Ossuccio** einen ‚Heiligen Berg', der seit 2003 zum **UNESCO-Weltkulturerbe** gehört. Leider verläuft die Durchgangsstraße so dicht am Ufer, dass nur eine einzige Häuserreihe dazwischen passt. Trotzdem lädt der schmale Uferweg zwischen See und Straße ein, den Ort kennenzulernen. **Im Sommer versorgt ein kleines Café am Lido di Ossuccio Besucher mit Erfrischungen**. Ein Bootvermieter ist vor Ort. Der 24. Juni ist der wichtigste Tag im Jahr. Der Sage nach konnten sich die Landwirte der Umgebung vor den vernichtenden Naturgewalten nur schützen, wenn sie einmal im Jahr San Giovanni mit einer Prozession zur benachbarten Insel huldigten. Johannes zeigte sich beeindruckt und verschont seitdem die Gegend. Zum Dank feiern die Inselanrainer Ossuccio, Sala Comacina und Bellagio alljährlich die ‚**Sagra di San Giovanni**'. Die Feierlichkeiten beginnen am Abend zuvor mit einem Straßenfest, dem die Aufführung einer historischen Schlacht um die Isola folgt. Das fast einstündige Feuerwerk begeistert im Anschluss die vielen Besucher. Am Sonntag findet um 10.00 Uhr eine Prozession statt, um 11.00 Uhr folgt eine Freiluft-Messe bei den Überresten der Kirche Santa Eufemia. Das Fest endet mit dem Ruderwettkampf der alten Fischerboote, die den Namen ‚**Lucie**' tragen. Wahrzeichen des Ortsteils Ospedaletto (früher Ort einer Hospiz) ist die Kirche **Oratorio di Santa Maria Maddalena**, die schon von weitem zu erkennen ist. Die Kapelle stammt aus dem 11. Jahrhundert, ist nur mit einem einzigen Kirchenschiff versehen und besitzt einen romanischen Glockenturm, der später gotische Elemente erhielt und wirklich direkt an der Straße steht. Die ungewöhnliche Glockenstube wurde später aufgesetzt. Im Inneren finden sich nur mäßig bedeutsame Fresken.

Sacro Monte di Ossuccio

Der Sacro Monte di Ossucio ist eine landschaftlich reizvolle Erhebung hinter dem Ort, der insgesamt 15 Kapellen beherbergt. Alle Gotteshäuser fügen sich harmonisch in das Landschaftsbild ein und verdienen uneingeschränkt Beachtung. Initiiert wurde ihr Bau von Franziskanermönchen und ortsansässigen Adelsfamilien. **Ausgangspunkt des Sacro war die Wallfahrtskirche Madonna del Soccorso**. Dieses Bauprojekt wurde 1635 gestartet und 1710 beendet. Die Kirche ist alljährlich am 8. September, wenn Gottesdienste und Andachten zu Ehren Mariä Geburt abgehalten werden, Ziel eines gewaltigen Pilgerstroms. Da der steile Pfad streckenweise über Treppen führt, ist er für Rollstuhlfahrer und Familien mit Kinderwagen nur bedingt begehbar. Über weitere Anstiege erreicht man ein reizvolles und gut ausgebautes Wanderwegenetz in die umliegenden Berge.

Unbedingt übersetzen: **Die Isola Comacina**

Auf dem zweiten kulturellen Highlight Ossuccios, der Isola Comacina, befinden sich nicht mehr als eine kleine Kirche und ein berühmtes Restaurant. Doch die Geschichten aus der bewegten Vergangenheit der Insel sind bemerkenswert: **Die ursprünglich Cristopolis genannte Insel war im Jahre 569 Zufluchtsort einiger reicher Familien aus Como**, die dort rasch heimisch wurden und fleißig bauten. Mitte des 12. Jahrhunderts aber schlossen sich die Gemeinden Como, Dongo, Gravedona und Sorico zu einem Angriffspakt zusammen und zerstörten die Gebäude der Insel mit äußerster Gewalt, töteten viele Bewohner und vertrieben die übrigen. Schließlich verbot Kaiser Barbarossa 1175 die Wiederbesiedlung. Überliefert ist zudem der Fluch des Bischofs Vidulfo, der lautet: ‚Es werden niemals mehr die Glocken läuten, niemand wird mehr ein Stein auf den anderen setzen, niemand wird hier mehr Wirt sein unter der Strafe eines qualvollen Todes'. Seit die Insel 1920 in Besitz des italienischen Staates gelangt ist, hat sich eine kleine Infrastruktur mit Café, Gasthaus und Schiffsverbindung entwickelt. Zu erreichen ist die Isola Comacina per Schiff von den Orten Menaggio, Sala Comacina und Ossuccio aus. Schon beim ersten Landgang auf das Eiland soll einen die dort eigentümliche, besondere Stimmung ergreifen. Davon ist jedenfalls der ansässige Gastwirt Benvenuto Puricelli überzeugt, der schon eine ganze Reihe internationaler Prominenter begrüßen durfte: Franz Beckenbauer, Gianni Versace, George Clooney, Brad Pitt und viele mehr. Die Küche der Locanda ist hoch gelobt. Angeboten wird zum Beispiel ein Traditionsmenü, das seit 1947 unverändert zubereitet und von den Gästen geliebt wird. Der Wein, ein Secco D.O.C., ist im Preis von 62 € inbegriffen, ebenso wie Wasser, Gedeck, Bedienung und Mehrwertsteuer.

Sie können die ganzjährig zugängliche Insel zu Fuß auf dem Rundweg erkunden, der die wichtigsten historischen Plätze erschließt, darunter das Kirchlein San Giovanni und Grundmauern der ursprünglichen Bebauung. Außerdem steht eine Informationsbroschüre zur Verfügung, die sehr ausführlich über die Geschichte informiert. Sie ist im Tourismusbüro, an den Schiffsanlegestellen und auf der Insel erhältlich. Jährlich am 24. Juni findet das Sagra San Giovanni, ein Fest zu Ehren des Hl. Johannes des Täufers, statt. Dann pendeln geschmückte traditionelle Fischerboote zwischen Insel und Festland, regionale Spezialitäten werden gereicht und am Abend erleuchtet ein grandioses Feuerwerk die Insel. Isola Comacina. www.isola-comacina.it (sehr informative Seite zur Insel!). Die Bootsvermietung ‚Hiring a boat' verleiht Motorboote, Kanus, Kajaks und Ruderboote. Für EUR 90,00 kann man z.B. zwei Stunden mit dem führerscheinfreien Motorboot (40 PS) die Umgebung auf eigene Faust erkunden. www.hiringaboat.com. Die Kirche San Benedetto im Val Perlana ist Zielpunkt einer naturnahen Wanderung von ca. zwei Stunden. Vorbei an der Chiesa Madonna del Soccorso führt der Weg entlang des Val Perlena und des gleichnamigen Gebirgsbachs bis auf 815 m Höhe. Für den Rückweg empfiehlt sich alternativ die nördliche Passage über die Abbazzia del Acquafredda, auf der man Ossuccio in weiteren 1,5 h erreicht. Direkt unterhalb der Via Statale befindet sich ein kleines Freizeitgelände mit Café, einigen kleinen Tischen, einer Liegewiese und Wasserleitern.

Übernachten in Ossuccio

(1) **Residence Letizia**. Via G. Castelli, 25. 22010 Ossuccio. 0344 54052. www.residenceletizia.com. Neue Anlage mit Ferienappartements, die ähnlich einem Hotel geführt werden. Gutes Sportangebot. (2) **B&B Locanda Garzola**. Via Giovanni Castelli, 30. 22010 Ossuccio. 0344 55379. www.locandagarzola.it. Empfehlenswerte Unterkunft mit schöner Sonnenterrasse, Pool, Ristorante. Preise ab EUR 82,00 (DZ).

Gut essen in Ossuccio

(1) **Locanda dell' Isola Comacina**. Isola Comacina. 22010 Ossuccio. 0344 56755. www.comacina.it. Sehr gute traditionelle Küche. Außerhalb der Essenszeiten steht ein Café zur Verfügung. Einmalige Atmosphäre auf der Insel direkt am Bootsanleger. (2) **Osteria del Giuanin**. Via Santuario, 8. 22010 Ossuccio. 0344 55241. www.osteriadelgiuanin.it. Fabio und Elena sorgen mit viel Liebe für einen angenehmen Aufenthalt, im Sommer auf der schönen Seeterrasse, im Winter im gemütlichen Gastraum am Kaminfeuer. Besondere Spezialität des Hauses: Fisch. (3) **Crotto La Sorgente**. Via P. Castelli, 5. 22010 Ossuccio. 0344 55270. www.crottolasorgente.com. Fleisch, Fisch und Käse aus eigener Produktion, das ist hier das Motto. Spezialitäten wie Leber-Mortadella machen neugierig.

BLICK ÜBER SALA COMACINA ZUR ISOLA

Sala Comacina ist ein netter kleiner Ort gegenüber der gleichnamigen Insel. **Der Bereich der Anlegestelle hat eine schöne ruhige Atmosphäre**, nur die Shuttle-Boote sorgen für ein bisschen Aufregung, da sie regel- und unregelmäßig Interessierte zur Insel und zur Villa Balbianello befördern. Atmosphärisch passend fährt Luigi mit seinem alten Fischerboot die Touristen für EUR 5 auf die Insel (und zurück)l. Per Handzeichen, Luigi hat immer Sichtkontakt zur Isola, tuckert er mit seinem Boot zur Insel und holt seine ‚Schäfchen' wieder zurück aufs Festland. Auch andere ehemalige Fischer haben sich auf den Transfer spezialisiert, vom Ruderboot mit Hilfsmotor bis zur kleinen Motorjacht kann man alles bekommen. Das einzige Problem für die Bewohner von Sala Comacina ist der Autoverkehr. Es gibt einfach zu wenige Parkplätze und die Durchgangsstraße ist eng, was in der Hochsaison doch für erhitzte Gemüter sorgen kann.

Abgesehen von der Insel zeichnet sich das Dorf durch die typische enge Häuserstruktur im Ortskern aus. Im

Mittelpunkt steht die **Chiesa di San Bartolomeo**, ein schöner, vollkommener Kirchenbau, erbaut von 1703 bis 1848. Darüber hinaus bekannt ist die Villa Rachele, in der die Schriftsteller Manzoni und Cantu viel Zeit verbracht haben sollen. Sie steht elegant inmitten eines schön angelegten Parks vis á vis der Isola und bleibt von vielen unbemerkt. **Sala Comacina ist Startpunkt der zweiten Etappe des sog. Greenway del Lago**, einem Wanderweg von Colonno nach Cadenabbia. Die einzelnen Touren sind relativ kurz, insgesamt dauern sie ca. 3 h. Ausführliche Informationen dazu gibt es unter www.greenwaydellago.it. Unter dieser Internetadresse finden Sie auch weitere Tourenvorschläge (als PDF), ausgehend von Sala Comacina.

Übernachten in Sala Comacina

(1) **Taverna Bleu**. Via V. Puricelli, 4. 22010 Sala Comacina. 0344 55107. Ganz hervorragendes, auch von Michelin ausgezeichnetes Haus direkt am See in Spitzenlage. Preise ab EUR 138,00 (DZ).

Gut essen in Sala Comacina

(1) **Locanda dell'Isola Comacina**. Isola Comacina. 22010 Sala Comacina. 0344 56755. www.comacina.it. Wer sich traut, reserviert einen Tisch (ca. drei Wochen vorher) und lässt sich verwöhnen. Ein ganz besonderes Erlebnis. (2) **Locanda La Tirlindana**. Piazza Giacomo Matteotti, 5. 22010 Sala Comacina. 0344 56637. www.ristorantelatirlindana.com. Schön am Hafen gelegen mit guter Küche. (3) **Ristorante La Comacina**. Via Statale, 14. Sala Comacina (Como). 0344.55035. Super Lage mit schmaler Sonnenterrasse.

EINES DER ÄLTESTEN HOTELS AM COMER SEE

Tremezzo, ein traditionsreicher Ort mit ca. 1 300 Einwohnern, ist seit alters her bedeutend als Wohn- und Urlaubsdomizil. Die zentrale Lage am schönsten Uferbereich des Comer Sees zwischen Cadenabbia und Mezzegra hat in den letzten Jahrzehnten viele Gäste mit größerer Zahlungskraft angezogen. **So entstand eine Vielzahl prächtiger Herrenhäuser, Hotels und Villen** mit teilweise herrlichen Parkanlagen. Auch die Villa Carlotta, eines der schönsten Häuser am Comer See, gehört dazu. Interessanterweise wirken Tremezzo und die Nachbargemeinden Griante und Cadenabbia auf Durchreisende auf den ersten Blick nicht sehr attraktiv, führt doch die Hauptdurchgangsstraße direkt am Seeufer an den schönsten Gebäuden vorbei. So lernt man Tremezzo zunächst von seiner unschönen Seite kennen: Tagestouristen auf Parkplatzsuche, Blechlawinen, Straßenlärm. Nicht umsonst stehen eine Verkehrsberuhigung oder ein Umgehungstunnel wie in Menaggio ganz oben auf der Agenda der Lokalpolitik. Und dennoch: **Das Landschaftsbild, eine Symbiose aus See, Häusern und Bergen, wirkt überaus harmonisch und**

unverwechselbar. Im 17. Jahrhundert begann die Besiedlung, wie man sie heute kennt. Wohlstand spross zunächst durch den Anbau von Oliven und Zitronen, später durch die Produktion von Seide. Die Einwohnerzahl stieg in den besten Zeiten auf bis zu 8 000, im Vergleich zu heute geradezu großstädtisch. Um 1850 errichteten die Tremezziner das erste Hotel und läuteten damit die touristische Blütezeit Tremezzos ein. Schon damals musste sich der Ort keineswegs hinter anderen beliebten Reisezielen wie der Amalfi-Küste, Neapel oder Cinque Terre verstecken. Vor allem englische Adelsfamilien und Geschäftsleute wählten die Gegend als ‚Winterresidenz', was man noch immer erkennt: der Baustil zeigt Merkmale britischen Einflusses. Besonders in die Parks und Gärten investierte man Geld und Liebe. Die Gäste von heute freuen sich darüber.

Konkurrenzlos am See: **Die Villa Carlotta**

Weiß strahlt sie vom See aus dem Betrachter entgegen. **Durch ein eisern geschmiedetes Doppeltor eröffnet sich ein gigantischer Blick auf das wohl bekannteste Bauwerk am Comer See**. Die Carlotta ist ein Traum einer Villa, die wie eine Diva über dem Lago thront. Alle wollen sie sehen und erleben. Ihre Eleganz, ihre Perfektion, vor allem auch den vollendet angelegten Garten von 20 000 qm² Größe. Die Daten in aller Kürze: der Bau begann 1690 unter Giorgio Glerici, einem Mailänder Bankier. In der Folge ging das Haus durch vielerlei Hände, jeder veränderte ein wenig, setzte ein paar exotische Pflanzen und verkaufte weiter. Bis zum Ersten Weltkrieg blieb die Villa in Privatbesitz, mit Prinzessin Charlotte von Preußen als letzter Besitzerin. Seither kümmert sich eine Stiftung um Betrieb und Erhaltung. Berühmt sind die Treppen vom Ufer bis hoch zum Eingang der Villa. Sie sind symmetrisch angeordnet, reich verziert und führen über insgesamt fünf Terrassen. **Im Inneren der Villa ist ein Museum untergebracht**, in dem Werke verschiedener Künstler zu besichtigen sind. Interessanter aber sind eigentlich die Räume an sich, geben sie dem Besucher doch eine gewisse Vorstellung vom Leben in vergangener Zeit. Auf jedem der zwei Stockwerke sind elf Zimmer, die alle über einen eigenen Namen verfügen, z.B. Camera di Carlotta, Il Saloto Rosso oder Sal de Pranzo. **Für Pflanzenliebhaber bieten die Außenanlagen viele Besonderheiten**: den **Bambusgarten** mit ca. 25 Arten auf 3 000 qm, die zahlreichen Kamelien- und Azaleenbüsche und - bäume, den Steingarten, die künstliche Schlucht, die Rhododendron-Sammlung und vieles mehr. Wer möchte, kann sich der Pflanzenwelt bei Führungen, Workshops, Ausstellungen oder Fotosafaris noch weiter nähern. Für das leibliche Wohl sorgt eine Cafeteria, zudem sind einige Rasenflächen für Picknicks freigegeben. Villa Carlotta. Via Provinciale Regina, 2. 22019 Tremezzo. 0344 40405. info@villacarlotta.it. www.villacarlotta.it. Preise von EUR 3,50 bis 9,00. Öffnungszeiten: März bis Anfang Oktober. 10.00 bis 17.00 (Sommer 09.00 bis 18.00) Uhr. GPS: 45° 59‘ N, 9° 14‘ O (Tremezzo).

Übernachten in Tremezzo

(1) **Grand Hotel Tremezzo Palace**. Via Regina, 8. 22019 Tremezzo. 0344 42491. www.grandhoteltremezzo.com. Bestes Haus in Tremezzo. Alles vom Feinsten, perfekte Lage. Preise ab EUR 250,00 (EZ). (2) **Hotel La Perla**. Via Romolo Quaglino, 7. 22019 Tremezzo. 0344 41707. www.laperlatremezzo.com. Fantastische Lage leicht oberhalb von Tremezzo. Sehr gutes Haus. Preise ab EUR 185,00 (EZ). (3) **Hotel La Darsena**. Via Regina, 3. 22019 Tremezzo. 0344 43166. www.lakecomo-hotel-ladarsena.com. Perfekte Lage, freundliches Personal und historisch bedeutend. Insgesamt ein tolles, preisgünstiges Hotel. Preise ab EUR 80,00 (EZ).

Gut essen in Tremezzo

(1) **Cantina Follie**. Via A. Volta, 14/16. 22019 Tremezzo. 0344 42311. www.cantinafollie.it. Außergewöhnliches Weinlokal mit feinem Weinkeller, guter Käse- und Schinkenauswahl. (2) **Pizzeria Balognett**. Via delle Mele, 5a. Frazzione Balogno di Tremezzo. 22019 Tremezzo. 034441333. www.balognett.com. Die beste Pizzeria am See! (3) **La Darsena**. Via Regina, 3. 22019 Tremezzo. 0344 43166. Super-Lage direkt am See. (4) **Al Veluu**. Via Rogaro, 11. 22019 Tremezzo. 0344 40510.

Varenna

Varenna bildet mit Menaggio und Bellagio das ‚Goldene Dreieck', ist aber auch für sich genommen einer der schönsten Orte Oberitaliens. **Malerisch schmiegen sich die alten Fischerhäuschen an das Seeufer.** Rechts neben der Schiffsanlagestelle beginnt die außergewöhnliche Uferpromenade. Vorbei am alten Fischerhafen nähert man sich dem alten Seezentrum von Varenna, in dem jede noch so kleine Nische touristisch genutzt wird, was aber zu keiner Zeit übertrieben wirkt. Kleine Cafés, nette Geschäfte und Restaurants finden sich hier. Die Preise entwickeln sich erfreulicherweise noch angemessen.

Vom Wasser aus erreichen Sie über zahlreiche Treppen und enge, typisch italienische Gassen den oberen Ort, der in seinem Zentrum einen schönen, von alten Platanen gesäumten Platz besitzt. **Auf der schönen Piazza findet der wöchentliche Markt statt**, überragt von der Pfarrkirche San Giorgio wie von einer Schutzpatronin. Von hier aus folgt man der Uferpromenade bis zum südlichen Ortsende. Nach 200 m endet der Weg an der Hauptstraße. Ein paar Schritte nach rechts verbirgt sich die berühmte Villa Monastero mit ihrem wunderschönen Gartenpark.

Am Fährhafen überrascht ein baulich interessantes Hotel, Besucher trinken in aller Ruhe Cappuccino, andere warten in ihren Autos auf die Ankunft der nächsten Fähre. Nach ein paar Schritten nach Norden folgt hinter der Fußgängerbrücke über das Flüsschen Esino ein eintrittspflichtiges Strandbad. Hinter dem Ort steigen die Berge relativ schnell stark an, gekrönt vom Castello di Vezio, einer der besterhaltensten Burgen am Comer See. Auf der Höhe der Burg verläuft ein alter Saumpfad, der in südlicher Richtung zum Fiumelatte, dem kürzesten Fluss Italiens, führt. **Perledo und Esino** sind zwei von vielen Traditionen geprägte Bergdörfer, die bereits zum Naturpark der südlichen Grigne-Gruppe gehören. An der Via al Lido, der rechten Seite des von den Bergen herunterkommenden Flüsschens, befindet sich das gleichnamige Seebad Varennas. Kleiner Auszug aus dem Angebot: Strand mit Liegestühlen, Umkleidekabinen und Duschen. Bar und Restaurant mit See-Fisch, Wurst, Rippchen und Polenta. Ein idealer Ort für Geburtstagsfeiern, Junggesellenabschiede mit Musik und Live-DJ. Samstag-Abend Disco, Tanzabende und mehr. Location Olivedo Perledo. Via al Lido. 23828 Varenna (LC). 0341 815370

Hoch über dem Ort: Das **Castello di Vezio**

Obgleich auch die Geschichte der Wehranlage oberhalb von Varenna interessant ist, zieht die Burg die Menschen doch eher wegen der fantastischen Aussicht über den Comer See an. Und diese ist wirklich atemberaubend, erlebt man den See hier in einer Klarheit und Übersicht wie sonst nur selten. **Das Auge reicht vom östlichen Seearm über die Bellagio-Halbinsel** (im Hintergrund das Massiv des Monte San Primo) **bis weit in den westlichen Seearm hinein**. Spätestens hier oben wird klar, warum dieser Abschnitt des Comer Sees als ‚Goldenes Dreieck' bezeichnet wird. Es ist das landschaftlich schönste Gebiet, das Zentrum der Mondänität und die Wiege der englischen und italienischen Gartenbaukunst in Oberitalien. Das Castello liegt eher unauffällig auf einer Bergkuppe, leicht ansteigend zu erreichen von Vezio, einem fast unverändert gebliebenen Ort mit nur knapp 50 Einwohnern, einer Taverne und einem Keramikladen. Von unten ist die Burg kaum auszumachen. Von oben aber, z.B. vom Sasso di Defendente, lassen sich die Grundrisse der Burg gut erkennen: eine rechteckige Anlage, die von einer hohen Mauer umgeben ist. Auf der südlichen Seite befindet sich ein Turm mit einer gewendelten Steintreppe. Die Außenmauern sind zum Teil begehbar und beinhalten heute Ausstellungsstücke über die Geschichte des Castellos. **In der Mitte der Burg ragt der eigentliche Burgturm mit ca. 25 m hervor**, den man über eine authentisch wirkende Zugbrücke betritt. Viele mit der Außenmauer verbundene Treppenstufen führen nach oben. Unterwegs trifft man immer wieder auf einzelne Exponate aus früherer Zeit. Insgesamt bietet das Castello wenig Wohnraum und diente wohl auch hauptsächlich dem Schutz der Umgebung. Die dem Castello zugehörigen Dorfeinwohner stammen aller Wahrscheinlichkeit nach aus Ligurien. Da auch Kelten und Römer im näheren Umfeld siedelten, kam es immer wieder zu Spannungen. Zuwanderer aus dem Veltlin sorgten für weiteren Zündstoff. Erbaut haben soll das Castello die langobardische Königin Theudelinde (570 – 627), die Tochter von Garibaldi I und Walderada, die in der Nähe von Varenna begraben ist. Möglicherweise hatte sie es als

Kirche geplant. Die Aufzeichnungen dazu sind jedoch sehr legendenhaft und belegen diese Annahme nicht wirklich. **Tatsache ist wohl, dass das Castello in erster Linie zum Schutz der Handelswege erbaut wurde.** Die ganze Region um Varenna, Esino Lario, Bellano und

DIE FÄHRE LEGT GLEICH IN VARENNA AN.

Dervio mit dem Valvarrone und Valsassina hinein war von der sehr ertragreichen Eisenindustrie geprägt. Auch heute sieht man noch viele technische Zeitzeugen der damaligen Zeit wie Lastenseilbahnen, Schienenwege, Transportstraßen, die allerdings aus dem letzten Jahrhundert stammen. Die Angaben über den Bau der Festung im 12. Jahrhundert sind vage, es gibt bestenfalls Erwähnungen in historischen Dekreten. 1 244 wird zum ersten Mal von einer Flucht in das Castello zu Varenna berichtet. **Ab1631 prägte die Familie Tarelli die Anlage in ihrer heutigen Form.** In der Folge wechselten die Besitzer mehrmals, die Serbellonis (1778) waren sicherlich die Bekanntesten unter ihnen. Seither wurde das Castello immer wieder renoviert, in seiner Gestalt aber nicht mehr verändert. Auch die Umgebung des Castellos bietet einige interessante Facetten. Regelmäßig veranstaltet ein Falkner eine Show mit Wildvögeln - ein beeindruckendes Spektakel vor mittelalterlicher Kulisse. Hin und wieder werden auch Schauspieler aus der

Region eingebunden, sodass ein authentisches Schauspiel entsteht. Außerhalb der Showzeiten sitzen einige der Vögel vor dem Zugang zum Kastell um einen Baum herum wie Schaufensterpuppen - etwas, was nicht alle Besucher schätzen.

Das Gasthaus ‚Il Ristoro del Castello' im Burggelände hat in den Sommermonaten geöffnet, im Kassenhäuschen kann man Mitbringsel erwerben. Wer etwas gepflegter essen möchte, sucht das Ristorante ‚Il Porticchio' in Vezio auf. Castello di Vezio. Via del Castellano, 6. 23828 Perledo. 031 303 180. info@castellodivezio.it. www.castellodivezio.it. Preise von EUR 2,00 bis 4,00. Geöffnet von März bis Oktober täglich. 10.00 bis 17.00 Uhr (im Sommer abends etwas länger). GPS: 46°00'38.99" N - 09°17'12" E. Il Ristoro del Castello. Castello di Vezio. 23828 Perledo/Lecco. 0333 4485975 (Nicola). Geöffnet von März bis November: täglich 09.30 bis 00.30 (bei schlechtem Wetter geschlossen). Im Sommer wird der Platz vor dem Castello seeseitig bestuhlt (nur für Gruppen). Ristorante il Portichetto. Via della Foppa, 2. 23828 Varenna/Perledo. 0341 830316. info@ristoranteilportichetto.com. www.ristoranteilportichetto.com.

Sehenswert: **Villa Monastero**

Am südlichen Ortsausgang von Varenna befindet sich die Villa Monastero, die heute als Kongresshotel fungiert. **Ursprünglich, vom 13. Jahrhundert bis 1567, war das Anwesen ein Zisterzienserkloster.** Dann aber erließ Papst Pius V. ein Dekret, das zur Schließung des Klosters führte. Die Familie Mornico kaufte das Objekt, ließ es restaurieren und schuf so die Grundlage für seine erfolgreiche Geschichte. Im 19. Jahrhundert installierte der damalige Besitzer, der Deutsche Walter Kees, im Garten einige wertvolle bauliche Elemente und pflanzte zahlreiche exotische Gewächse. 1925 ging die Villa an den Staat, der sie dann 1977 an den jetzigen Besitzer, den ‚Consiglio Nazionale di Ricerche', veräußerte. Sehenswert sind die Gartenanlagen der Villa, die oberhalb des Comer Sees noch ca. 600 Meter weiter südlich führen, und das Museum, das wichtige Stationen der Geschichte der Villa und sehenswerte Kunstschätze zeigt. Informationen. Via Polvani, 4. 23829 Varenna. 0341 295450. www.villamonastero.it

Ganz in der Nähe: **Esino Lario und Perledo**

Die beiden Bergdörfer sind unbedingt einen Besuch wert. Alte Dorfstruktur, die Kirchen und der Weitblick auf den Comer See lohnen die Anfahrt. Außerdem gibt es zahlreiche ausgeschilderte Wandermöglichkeiten.

Schäumt wie Milch: **Der Fiumelatte**

Durch Vezio verläuft ein traditionsreicher Wanderweg, der Sentiero del Viandante von Abbadia Lariana nach Colico. Folgen Sie diesem in südlicher Richtung, erreichen Sie nach ca. 45 Minuten den Fiumelatte, deutsch: ‚Milchfluss', den kürzesten Fluss Italiens. Der Name ist Programm: Wenn er viel Wasser führt, schäumt der Fluss so stark, dass es den Eindruck erweckt, Milch fließe aus der Quelle in den Comer See. Vom Frühling bis in den frühen Sommer schießt aus einer Felsspalte das weiß schäumende Wasser ungefähr 250 Meter weit den Hang hinunter. An Wochenenden und Feiertagen pilgern Scharen von Menschen an diesen Platz, um dem Naturschauspiel beizuwohnen. Anschließend wird an den zahlreichen Picknicktischen gegrillt und Tafelwein aus grünen Flaschen getrunken. Der Weg dorthin gibt wunderbare Blicke auf Varenna und den Comer See frei. Wer will, wählt für den Rückmarsch die direkte Verbindung nach unten über kleine Nebenstraßen. www.fiumelatte.it.

Übernachten in Varenna

(1) **Hotel Villa Cipressi**. Via IV Novembre, 18. 23829 Varenna. 0341 830113. www.hotelvillacipressi.it. 32 Zimmer und vier Suiten erwarten die Gäste. Das Hotel mit atemberaubender Gartenanlage liegt einmalig am Ufer des Comer Sees. Das Restaurant ‚La Contrada' verwöhnt mit ausgesuchten Speisen. Preise ab EUR 145,00 (DZ). (2) Albergo Milano. Via XX Settembre, 35. 23829 Varenna. 0341 830298. www.varenna.net. Liebenswertes Hotel , mitten in den alten Gassen von Varenna. Die Besitzer tun alles, um ihre Gäste zu begeistern. Tolle Sicht vom Restaurant. Wurde vor kurzem

zu einem der 25 besten Traumhotels unter EUR 250,00 gewählt! Preise ab EUR 150,00 (DZ). (3) **Hotel Royal Victoria**. Piazza S. Giorgio, 2. 23829 Varenna. 0341 815111. www.royalvictoria.com. Traditionsreiches Haus mit vielen Angeboten wie Schwimmbad, Gourmet-Restaurant, Bar. Dank der versteckten Lage kann man von außen nur erahnen, was im Hotel geboten wird. Preise ab EUR 110,00 (DZ). (4) Hotel du Lac. Via del Prestino, 11. 23829 Varenna. 0341 830238. www.albergodulac.com. Schönes Vier-Sterne-Hotel am Seeufer. Preise ab EUR 145,00 (DZ). (5) **B&B L'Ulivo**. Via per Esino, 28a. 23829 Varenna. 0341 830806. Toller Blick, günstige Preise ab EUR 50,00 (DZ). (6) **Agriturismo Castello di Vezio**. Via Del Castellano, 16. 23828 Vezio. 02 58190940. www.agriturismocastellodivezio.it. Unvorstellbar schöne Lage oberhalb von Varenna. Es gibt nur Ferienwohnungen in verschiedenen Anwesen. Preise ab EUR 55,00 (Fewo).

Gut essen in Varenna

(1) Ristorante Vecchia Varenna. Contrada Scoscesa, 10. 23828 Varenna. 0341 830793. www.vecchiavarenna.it. Traditionsreiches Lokal im schönsten Teil Varennas. Die Terrasse grenzt direkt an den See. (2) **Varenna Caffe**. Contrada Scoscesa, 13. 23829 Varenna. 0341 830459. Eines der beliebtesten Cafés im Ort. Kleine Speisen zu erschwinglichen Preisen. (3) **Ristorante La Vista**. Via 20 Settembre, 35. 23829 Varenna. 0341830298. www.varenna.net. Tolle Aussicht, gutes Essen, passendes Preis-/Leistungsverhältnis. (4) **Crott del Meo**. Via per Campora, 2. 23828 Bologna di Perledo. 333 2251298. www.crottdelmeo.it. Gemütliches Restaurant in einem urigen Bergdorf mit ausgezeichneter regionaler Küche. Polenta-Variationen, Fleisch und Fisch nach Saison und Desserts, alles frisch zubereitet. Tolle Aussicht auf Comer See und Umgebung. Eigene Herstellung von Schinken, Käse und anderen Produkten. (5) **Ristorante Il Caminetto**. Viale Progresso, 4. 23828 Gittana di Perledo. 0341 815225. www.ilcaminettoonline.com. Die Besitzer sorgen für beste Qualität und unverwechselbaren Service.

Südlicher Seearm West (Como)

Die Silhouette von Como ist von einem Gebäude geprägt, das von weitem an den Taj Mahal erinnert: Das **Museum über Alessandro di Volta**, einem der berühmtesten Söhne der Stadt. Rechts daneben landet vielleicht gerade ein Wasserflugzeug auf dem geschichtsträchtigen Wasserflugplatz, noch weiter rechts nordwestlich des Hafens glänzt die Villa Serbelloni, ein bauliches Schmuckstück. Links vom Volta-Tempel liegt die von stattlichen Häusern gesäumte Piazza Centrale, dahinter zeigt sich der Dom von Como über den Dächern. Näher am Hafen erkennt man eine große Anzahl an Ausflugsschiffen, dutzende Tretboote warten auf Kundschaft. Insgesamt bietet sich eine beeindruckende Kulisse. Doch geht es zunächst weiter Richtung Norden bis Argegno, einem Ort mit einer kleinen schnuckligen Seilbahn, die man sich auf keinen Fall entgehen lassen sollte. **Auf dem Weg dorthin liegt Cernobbio**, der berühmte Ort mit seiner aufregenden **Villa Erba** und der **Villa d'Este**. Jedes Jahr kommen Tausende Menschen zum Concorso d'Eleganza, einem Autosalon der besonderen Güte. Schön ist auch die gepflegte Promenade mit Restaurant. Weiter nördlich beginnt die ‚**Hollywood-Area**' des Comer Sees. **George Clooney** kaufte

vor Jahren in dem Ort Laglio ein prächtiges Anwesen (Villa Oleandra), was nicht unbeträchtlich zum Renommee des Comer Sees beigetragen hat. Viele seiner Kollegen aus den USA taten es ihm gleich, auch wenn manche von ihnen inzwischen schon wieder verschwunden sind. Nicht verschwunden ist dagegen der Starrummel, den Clooney mitgebracht hat: Fast jeden Tag berichten die Gazetten über den kleinsten Aufreger der Hollywoodstars. Doch nicht jeder ist erfreut über die Schauspielerinvasion aus Amerika, haben die Immobilien- und Übernachtungspreise doch deutlich angezogen, und zwar um zehn bis 30 Prozent jährlich. **Was für Verkäufer und Vermieter ein finanzieller Segen ist, erweist sich für die einheimischen Bewohner als Fluch**, da Immobilien weit über dem üblichen Marktwert liegen. Selbst für völlig heruntergekommene Rusticos, alte Bauernhütten aus Stein, werden zwischen 30 000 und 60 000 € verlangt.

Auf der Ostseite des Como-Seearms schlängelt sich eine schier endlos wirkende kurvige Straße die 30 km von Bellagio nach Como hinab, bis sich der Ort an der letzten Landzunge zum ersten Mal zeigt. Zunächst lenkt noch ein vornehmes Strandbad rechter Hand den Blick ab, dann ist die Aussicht auf die Stadt einmalig, vor allem bei Abendsonne.

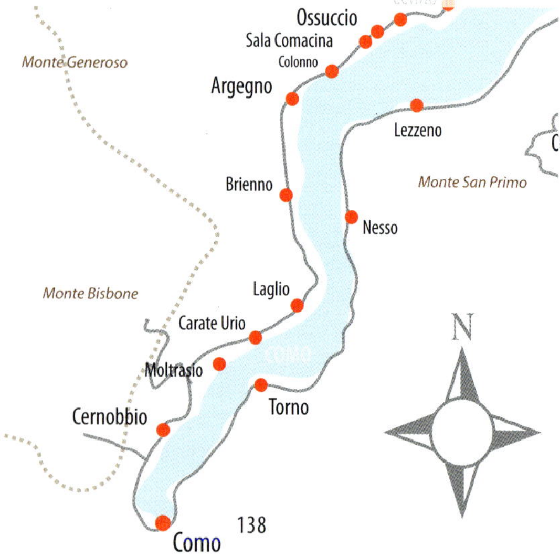

Einmal mit der Seilbahn von Argegno nach Pigra, das ist Pflichtprogramm für einen Comer-See-Aufenthalt. Die Anlage ist gepflegt, das Personal freundlich und zuvorkommend. Schnell wird man in ein Gespräch verwickelt. ‚Tedesco?', fragt alsbald einer der Mitarbeiter. Ja, man spricht Deutsch hier (abhängig vom Dienstplan), und die Preise sind nicht überzogen. Mit Glück erwischen Sie klares Wetter. **Die Aussicht von Pigra, dem Zielpunkt der Fahrt, hat Klasse**. Auch Argegno zeigt sich von einer schönen Seite. Die Lage zwischen zwei Bergrücken lässt den Ort etwas eingeklemmt wirken, was aber gerade seinen Reiz ausmacht. Der Fluss Telo trennt Argegno in zwei Teile, die eng stehenden alten Häuser am Flussufer vermitteln typisch italienisches Flair. Kleine Geschäfte, Bars und Restaurants komplettieren den angenehmen Eindruck. Die Besiedlung zieht sich die Hänge hinauf bis auf knapp 700 Meter. Oberhalb von Argegno öffnet sich ein unerschöpfliches Wandergebiet rund um das Bergdorf San Fedele d'Intelvi. Folgt man der Bergstraße weiter, erreicht man bald bei Caino und Osteno den Luganer See - ein lohnender Ausflug! Auch die Kirchen Santuario di S. Anna und das Oratorio di S. Rocco lohnen einen Blick. Am Hafen, für den einst die alte Chiesa abgerissen wurde, gibt es viele Parkplätze. Der ganze Bereich ist großzügig bemessen, an Markttagen tummeln sich hier viele Besucher.

Die **Pfarrkirche Santi Trinità** steht mit einer Seite an der Hauptstraße, mit der anderen blickt sie auf den Comer See. Das Gotteshaus wurde erst im 20. Jahrhundert gebaut, entsprechend modern ist die Anmutung. Einige historische Kunstwerke wurden aus einer früheren Kirche übernommen. Sehenswert ist auch die Chiesa di San Sisinnio oberhalb des Ortkerns am See. Vom Kirchengang hat man auch einen schönen Blick auf die Umgebung. Der offizielle Badebereich liegt direkt in der Mitte des Ortes auf der kleinen Landzunge zwischen Fluss und Hafen. Eine Liegewiese, die typischen Einrichtungen und ein Restaurant stehen den Besuchern zur Verfügung. Im Café oberhalb des Strandes kann man nett einen kleinen Snack oder ein Getränk zu sich nehmen und erlebt so das rege Treiben in Argegno live mit.

Ein tolles Erlebnis: **Die Seilbahn nach Pigra**

Eine schöne Möglichkeit, Argegno von oben zu bewundern, ist die Fahrt mit der Seilbahn von Argegno nach Pigra. Die Bahn ist von der Straße aus kaum einsehbar, Sie verpassen sie garantiert! Von Norden her liegt sie ca. 300 Meter hinter dem Ortseingang. Es gibt allerdings dort keine Parkplätze, sodass Sie die Parkmöglichkeiten am Hafen aufsuchen und die wenigen Schritte zur Talstation (Funivia) zu Fuß gehen sollten. Genutzt wird die Seilbahn morgens und abends vor allem von Pendlern, die in Argegno oder an anderen Orten des Comer Sees arbeiten. Die Strecke von Pigra nach Argegno dauert mit dem Auto rund 30 Minuten, die Seilbahn braucht dagegen gerade mal vier. Von Pigra aus hat man einen starken Blick auf den Comer See. Zudem erschließt sich von hier e**in großes Wandergebiet in nord-östlicher Richtung bis oberhalb Cadenabbias** (unterwegs gibt es zwei Rifugios, die am Wochenende geöffnet haben (sollen)): der Monte Galbiga, der Monte di Tremezzo und der Monte di Croccione.

Ausflug ins **Valle Intelvi** (und Monte Generoso)

Im Hinterland von Argegno beginnt eine Vielzahl von Wanderwegen und Bergtouren. Die Straße, die die oberen Ortsteile erschließt, führt weiter in ein herrliches Tal mit dem Namen **Valle d'Intelvi**, einem ergiebigen Wandergebiet. **Das Tal verbindet den Lago di Como mit dem Lago di Lugano**, innerhalb einer guten Stunde erreicht man Porlezza. Wer oben bleibt, trifft auf Orte wie San Fedele, Laino oder Lanzo. Die Bewohner dieser Bergdörfer pflegen ihre regionalen Feste wie sonst nirgends am See. Auf der anderen Seite liegt der große **Monte Generoso** (1 701 m) mit seinen zahlreichen Wanderwegen. Während man von Schweizer Seite aus standesgemäß mit der Zahnradbahn auf den Vorgipfel fährt, ist von Italien aus ein beschwerlicher Fußmarsch von Nöten. Zielpunkte sind das Rifugio Alpe d'Orimento bzw. das Rifugio Giuseppe e Bruno. Ersteres ist auch ein kleines Berglokal, in dem man sich in den Sommermonaten stärken kann. Zu empfehlen ist hier die Anfahrt mit dem Fahrzeug (über San Fedele oder Casasco), dann reichen die Kräfte für weitere Wandertouren rund um den Monte Generoso. Die Schweizer haben hier 51 km Wanderwege geschaffen, u.a. den Pfad der Planeten, den der wilden Pfingstrosen und einen Orientierungslauf. An der Bergstation ‚Vetta' verwöhnt das gleichnamige Restaurant seine Besucher. Val d'Intelvi. www.valleintelvi.it. TIPP | Ein gutes Stück zu fahren, aber jeden extra Kilometer Wert, der **Balcone d'Italia** oberhalb von Lanzo. Genießen Sie einen Capuuccino mit der besten Weitsicht rund um den Comer See. Der Blick fällt aber nicht auf diesen, sondern auf den Lago di Lugano. Bei wolkigem Wetter lohnt die Auffahrt nicht.

Übernachten in Argegno

(1) **Hotel La Griglia**. Località S. Anna di Argegno. 031 821147. www.lagriglia.it. Das Hotel Argegno bietet Internetanschluss in der Hotelhalle, ein Restaurant, in dem köstliche lokale Fleisch- und Meeresfrüchtespezialitäten serviert werden, eine Pizzeria mit originellen Gerichten und eine reizende Bar. Preise ab 95,00 (DZ). (2) **Hotel Villa Belvedere**. Via Milano, 8. 22010 Argegno. 031 821116. www.villabelvedere-argegno.it. Hier wurde eine Villa aus dem 18. Jahrhundert in ein Hotel umgewandelt. Die Lage direkt am Comer See ist bezaubernd. Ein großer sonniger Garten, ein Restaurant und Parkplätze am Haus erwarten Sie.

Gut essen in Argegno

(1) **La Griglia**. Località S. Anna di Argegno. 031 821147. www.lagriglia.it. Liebevoll geführtes Restaurant mit ausgefallenen Zubereitungen, z.B. Spanferkel über dem Holzfeuer. Das angegliederte Albergo vermietet Zimmer. Schöne Lage im Grünen. (2) **Ristorante Barchetta**. Piazza Roma, 2. 22010 Argegno. 031 821105. www.ristorantebarchetta.it. In einem der ältesten Gebäude des Ortes, angelehnt an den alten Sarazenenturm (einem kleinen, runden, befestigten Signalturm), bietet das Lokal ein Degustationsmenü für 29,95 €. Dabei kann man aus vielen tollen Angeboten wählen. Terrasse mit Seeblick. (3) **Ristorante La Piazzetta**. Piazza Roma, 6. Argegno. 031 821110. www.piazzettargegno.it. **Die Pizza ist jedenfalls legendär.**

DIE CHIESA LA MADONNA DELL'IMMACOLATA

Vom großen Tourismus verschont, **hat sich Brienno einen gewissen urwüchsigen Charme erhalten.** Vor allem sind die Verbindungswege innerhalb des Ortes noch fast unverändert, die Charakterzüge eines kleinen Handwerks- und Produktionsortes mit engen Gassen und Treppen konnten bewahrt werden. Hoch über dem Ort jenseits der Umgehungsstraße befinden sich die Überreste des Torre Turascia, eines fast quadratischen Turmes, der zwischen dem 6. und 7. Jahrhundert als Schutzturm erbaut wurde und später als Unterkunft für Aussätzige diente. Heute stehen noch etwa vier Meter der Grundmauern. Dominant im positiven Sinne überragt die **Chiesa dei SS. Nazario e Celso** das Ufer. Einst wurden hier die sterblichen Überreste des für die Region so wichtigen Kaisers Barbarossa aufbewahrt, der einst Como von den Mailändern befreite. Überhaupt zeigt sich der Ort sehr ansprechend, vor allem vom Wasser aus, da sich die Häuser wohlgeordnet und terrassenförmig an den Berghängen des Monte Bernardo hinaufziehen. In Brienno sind Kurzwanderungen zu Sehenswürdigkeiten in der Umgebung ausgeschildert:

Für Freunde der Natur beginnt am Marktplatz ein **Weg zur Pian d'Erba**, einer Hochebene etwas oberhalb des Ortes. Dort kann man sich auch auf einen botanischen Lehrpfad mit Informationstafeln begeben, welche die Baum- und Strauchvielfalt vor Ort enträtseln. Ein Pilgerpfad, den in alten Zeiten Landwirte liefen, um den Schutz ihrer Kulturpflanzen zu erbitten, startet in der Via Piazzola. Über mehrere Stationen führt der Weg zu einer Aussichtsplattform. In Luftlinie ca. 1,5 km westlich und 1 000 m höher liegt das Rifugio Colma di Binate, zwei weitere finden sich in unmittelbarer Nähe auf dem Via dei Monti Lariani (VML).

Übernachten in Brienno

(1) **Villa Allegra**. In dieser stattlichen Villa kommen bis zu neun Personen unter. Alle Zimmer haben Seesicht, das Anwesen verfügt über direkten Zugang zum See. Informationen und Buchung nur online. Preise ab EUR 2 640,00 pro Woche.

Gut essen in Brienno

(1) Crotto dei Platani. Via Regina, 73. 22010 Brienno. 031 814038. Ristorante mit Weinkeller, Crotto und einer mit Bedacht ausgewählten Speisekarte. Der Gast trifft auf eine gute Auswahl regionaler und überregionaler Gerichte. (2) **Pizzeria Birimbo**. Via Antonio Canova, 1. 22010 Brienno. 031 814160. Hier finden Sie alles, was eine klassische Pizzeria ausmacht: Pizza aus dem Holzofen, Pasta, dazu einige Fisch- und Fleischgerichte.

Carate Urio

CARATE URIO MIT SCHÖNER LAGE AM SEE

Südlich von Laglio fährt man weiter in engen Kurven bis **Carate Urio**, einer lang gezogenen Ortschaft mit historischer Bedeutung für den Comer See: Viele Paläste, Kirchen und Häuser am Lario wurden aus dem berühmten Moltravio-Stein errichtet, der einst in einem hoch über Carate Urio gelegenen Steinbruch abgebaut wurde. **Diesem Steinbruch verdankt der Ort seinen Namen.** Im Keltischen bedeutet das Wort ‚car' Stein, und so soll bereits der heilige Antonius den Ort **‚Cararia'** genannt haben. Eine weitere Erklärung ist die Bezeichnung des Schlittens (carei), mit dem die schweren Steinblöcke hinunter an den See geschafft wurden. Schiffe brachten die wertvolle Fracht in die großen Städte der Umgebung. Der Ort besteht aus einer wenig befahrenen, schmalen Uferstraße, die an hübschen Häusern, netten Ristorante und teils schönen Uferstücken vorbeiführt.

Die oberhalb verlaufende Hauptstraße fungiert als Ortsumgehung und hält den lästigen Durchgangsverkehr weitgehend ab, sodass sich eine ruhige und entspannte Atmosphäre entfaltet. Hübsch sind die beiden Kirchen direkt am Ufer, die **Chiesa dei SS. Quirico e Giulitta** und die **Chiesa dei SS. Giacomo e Filippo** beim Hotel Fiorino an der Piazza Minoletti. Hier macht man Urlaub, um zu relaxen, die Umgebung zu genießen und über die steigenden Immobilienpreise nachzugrübeln. Denn seit Clooney im Nachbarort, dem knapp drei Kilometer südlich gelegenen, etwas mondäneren Laglio, eingekauft hat, steigen auch die Preise in Carate Urio jährlich um zehn bis zwanzig Prozent. Eine kleine Liegewiese gibt es bei der Chiesa dei SS. Quirico e Giulitta, wo die Leute gern ihre Picknickdecken ausbreiten. Eine Sitzecke ist ebenfalls vorhanden.

Übernachten in Carate Urio

(1) **Piccolo Hotel Orso Bruno**. Via Regina Vecchia, 45. 22010 Carate Urio. 031 400136. www.hotelorsobruno.com. Insgesamt zehn Zimmer bietet dieses kleine und angenehme Hotel nahe dem Comer See. Auch das Restaurant lässt keine Wünsche offen. Preise ab EUR 89,00 (DZ). (2) **Hotel Fioroni**. Piazza Minoletti, 1. 22010 Carate Urio. 031 400149. Prachtvoll am See gelegenes Zwei-Sterne-Hotel mit angegliedertem Restaurant. In der Küche werden internationale und larianische Gerichte täglich frisch zubereitet. (3) **Relais und B&B Villa Nina**. Via Regina Vecchia, 13. 22010 Carate Urio. 033 56609627. www.bbvillanina.it. Modern renoviertes Haus in toller Lage aus dem 19. Jahrhundert. Angenehmes Wohnklima. Preise ab EUR 120,00 (EZ).

Gut essen in Carate Urio

(1) **Ristorante AcquaDolce**. Via Regina Vecchia, 26. 22010 Carate Urio. 031 400260. www.ristoranteacquadolce.it. Außergewöhnliches und exquisites Restaurant mir eigenem Bootsanleger.

Cernobbio

CERNOBBIO IST EIN ELEGANTER URLAUBSORT.

Dieser feine Ort nahe dem ‚großen' Como hat unter anderem durch die jährlich stattfindende Automobil-Show **Concorso d'Eleganza** Berühmtheit erlangt. Die Schau findet im Park der nicht minder berühmten **Villa d'Este** statt, die hierfür ein geradezu ideales Umfeld bietet. Trotz der Nachbarschaft zu Como muss sich Cernobbio mit seinem schönen Stadtbild und dem gelungenen Promenadenplatz am See nicht verstecken. Die engen Gassen um die Kirche am Hafen führen weiter zur Hauptgeschäftsstraße, die mit gefühlten zwei Meter Breite wahrlich die schmalste am See ist. Eingebettet in eine schöne Landschaft am Fuße des **Monte Bisbone**, der schöne Wanderziele bietet, bis zum Fluss Breggia, der vom Monte Generoso kommend das Tal Valle del Muggio geformt hat, zeigt sich Cernobbio weltoffen und gastfreundlich. Die Umgehungsstraße hat diesem Ort endlich die verdiente Ruhe verschafft. Zahlreiche Parkplätze liegen westlich der Hauptstraße. In früheren Zeiten war Cernobbio ein Zentrum der Woll- und Seidenspinnerei. Vor den Toren Comos konnte sich hier ein bedeutender Industriestandort etablieren, der heute noch die Nähe zur Provinzhauptstadt und Chiasso (CH) nutzt.

Am südlichen Ende der Promenade lockt ein Lido mit Swimmingpool. Das Schwimmbad gehört zu dem gleichnamigen Restaurant Holmes. Ob die Lokalität etwas mit angelsächsischer Detektivkunst zu tun hat, konnte abschließend nicht geklärt werden. Ristorante Holmes Lido HP. Piazza Risorgimento, 5/A. 22012 Cernobbio. 031 513835. info@lidohp.it. www.lidohp.it.

Der **Concorso d'Eleganza**

Schönheitswettbewerb klassischer Automobile. Für Liebhaber dieser Autos ist es das Mekka ihrer blechernen Leidenschaft. Allein die Lage des Austragungsortes verleiht der Veranstaltung maximales Prestige und unvergleichliches Flair. Alljährlich werden in den Gärten des Grand Hotel Villa d'Este sowie im weitläufigen Park der Villa Erba, dem ehemaligen Wohnsitz des italienischen Regisseurs Luchino Visconti, die schönsten und wertvollsten Oldtimer präsentiert, bestaunt und mit den beiden Hauptpreisen ‚**Coppa d'Oro**' und dem Pokal ‚**Best of Show**' gekürt. Kriterien sind absolute Schönheit und funktionierende Technik. Gäste des Concorso können die Autos bewundern, die man sonst allenfalls in Museen oder als teure Sammlermodelle für die Wohnzimmervitrine zu sehen bekommt. Entsprechend klangvoll sind auch die Namen der schönen Preziosen: Bugatti, Alfa Romeo, Delahaye, Hispano Suiza, Panhard und viele andere Marken aus den unterschiedlichsten Epochen.

Der Wert eines Fahrzeugs kann durchaus sechs- oder siebenstellig sein. Gewinnt der Klassiker gar einen der begehrten Preise, steigt sein Wert nochmals. Doch nicht nur der Blick in die Vergangenheit ist Programm, die automobile Zukunft ist in Form von Konzeptautos und Prototypen ebenso präsent. Es sind allerdings auch die Geschichten, die Historie, die sich um diese mondänen Fahrzeuge ranken und sie in einem persönlichen Glanz erscheinen lassen. Ein Delahaye 135 M von Figoni & Falaschi aus dem Jahr 1937 wurde im selben Jahr auf der Pariser Automobilausstellung vorgestellt und an einen indischen Maharaja verkauft. 50 Jahre später wurde der Wagen in England restauriert. Der aktuelle Besitzer, Peter Mullin aus den Vereinigten Staaten, erwarb das Auto 1993. Auch die Geschichte des Bugatti 57 C Aravis des Belgiers Albert Lemaire mit einer Karosserie von Letourneur et Marchand klingt bemerkenswert. Seit über 70 Jahren ist der Sportwagen im Besitz der Familie Lemaire. Alberts Onkel kaufte ihn 1939. Nach dem Krieg ließ ihn der Onkel restaurieren und schenkte ihn dem heutigen Besitzer zu seinem 18. Geburtstag. Zum ersten Mal startete der Concorso am 1. September 1929. Den ersten Preis der Auftaktveranstaltung gewann ein Isotta Fraschini mit einer von Sala kreierten Karosserie. Ins Leben gerufen haben diesen Wettbewerb der Automobilclub von Como, das Grand Hotel Villa d'Este sowie das Comitato di Cura di Como. Ebenso wie die Oldtimer ihre Historie haben, hat auch der Concorso seitdem eine wechsel- und leidvolle Geschichte erfahren, in Gestalt der Weltwirtschaftskrise, des Faschismus' der dreißiger Jahre, des Zweiten Weltkrieges sowie diverser Automobilkrisen. 1949 gab es den vorerst letzten Schönheitswettbewerb, bis 1986 der italienische Historiker Tito Anselmi gemeinsam mit dem Grand Hotel Villa d'Este den Concorso d'Eleganza wieder auferstehen ließ – allerdings ohne Neuwagen, nur mit Klassikern, die einst an diesem Ort defilierten. Der Neustart war nicht von Erfolg gekrönt, sodass der Wettbewerb wieder einschlief. Seit 1995 aber gibt sich die automobile Crème de la Crème regelmäßig ein Stelldichein – 1999 hat die BMW-Group das Patronat des spektakulärsten Klassiker-Treffens Europas übernommen. Der Concorso d'Eleganza ist jeweils an zwei Tagen des letzten April-Wochenendes zu sehen. Am jeweiligen Samstag ist der Concorso eine geschlossene Veranstaltung für geladene Gäste sowie Medienvertreter. Der Sonntag gehört dem allgemeinen Publikum. Mehr Informationen unter www.concorsodeleganza-villadeste.com.

Im August findet das ‚Festival città di Cernobbio' statt. Bei freiem Eintritt werden Konzerte und andere kulturelle Events geboten. www.festivaldicernobbio.eu.

Tradition pur: **Das Grand Hotel Villa d'Este**

1873 wurde die Renaissance-Villa am nördlichen Ende des Ortes zu einem Hotel umfunktioniert. Heute gilt es für nicht wenige als das beste Hotel der Welt. Gebaut wurde die Villa in den Jahren 1565 bis 1570 unter dem Namen ‚Villa del Garovo'. Auftraggeber war Kardinal Tolomeo Gallio, der 1527 in Como geboren wurde. Er arbeitete zeitlebens für die katholische Kirche, hatte mehrere Bischofssitze und wurde schließlich Dekan des Kardinalskollegiums und damit Oberhaupt des Bistums Bastia. Die Villa nutzte er als private Residenz, die 25 ha großen Außenflächen ließ er als naturnahen Garten anlegen. Seither wechselten die Besitzer fast im jährlichen Rhythmus, Jesuiten, Grafen und andere Adelige bewohnten mehr oder weniger die Anlage. Caroline von Braunschweig-Wolfenbüttel, frühere Ehefrau des späteren englischen Königs Georg IV, gab der Villa ihren heutigen Namen: Nuova Villa d'Este. Den Garten ließ sie im englischen Stil umgestalten. Seit Ende des Zweiten Weltkriegs fungiert die Villa als Nobelhotel mit ausgezeichnetem Service. Heute ist das Hotel v.a. für die jährlich stattfindende ‚Concorsa d'Eleganza' bekannt, doch auch viele bedeutungsvolle internationale Kongresse finden hier statt. Die Zimmer sind sehr elegant im Stil der modernen Renaissance eingerichtet. Es gibt einfache Doppelzimmer bis hin zur Präsidenten- und Kardinalssuite, die über 108 qm Wohnfläche plus 90 qm privater Terrasse verfügt. Grand Hotel Villa d'Este. Via Regina, 40. 22012 Cernobbio. 031 3481. reservations@villadeste.it. www.villadeste.com. Preise: Zimmer von ca. EUR 500,00 bis 1.500,00. Öffnungszeiten: ganzjährig. GPS: 41°57'45"N, 12°47'46"E.

Viele Ausstellungen: **Die Villa Erba**

Neben der Villa d'Este gibt es in Cernobbio noch weitere Nobelhäuser. Die Villa Erba im Süden des Ortes verleiht internationalen Kongressen und kulturellen Veranstaltungen einen stilvollen Rahmen. Luchino Visconti, der legendäre italienische Regisseur und Künstler, verbrachte hier Teile seiner Kindheit. Die Villa Erba kann auch von Privatleuten angemietet werden. Egal ob rauschende Feste oder wissenschaftliche Vorträge; der historische Rahmen passt immer. Die Kongressräume befinden sich in einem modernen Gebäudekomplex hinter der Villa. Das ganze Gelände umgibt eine hohe Mauer, auf Privatsphäre wird viel Wert gelegt. Für viel Komfort sorgen ein eigener Hubschrauberlandeplatz und ein privater Schiffsanleger. Gebaut wurde die Villa auf dem Fundament einer alten Klosteranlage. Villa Erba. Largo Luchino Visconti 4. 22012 Cernobbio.031 3491. www.villaerba.it

Schöner Garten: **Die Villa Pizzo**

Die Villa Pizzo ist ein rechteckiger Bau ohne jeglichen Schnörkel, und damit für die Gegend des Comer Sees eher ungewöhnlich. Im 16. Jahrhundert gebaut, lebte v.a. die Familie Muggiasca im Anwesen und sorgte in den folgenden Jahrhunderten für eine vielfältige Gartengestaltung. Heute noch ist die Villa wegen ihrer Gärten weltberühmt, besonders für ihre seltenen Pflanzenarten. Giardini di Villa Pizzo. Via Regina 43. 22012 Cernobbio. 031 511262. Von Mai bis September, Montag bis Freitag geöffnet. Führungen für Gruppen ab zehn Personen. Preise ab EUR 7,00.

Im Zentrum: **Die Chiesa di San Vincenzo**

In der Kirche San Vincenzo aus dem 17. Jahrhundert kann man wertvolle Holzschnitzereien biblischer Szenen betrachten, wie die Maria Immaculata und die Kreuzabnahme. Die Kapelle der Heiligen Jungfrau erreicht man, wenn man den 17 km langen Weg auf den Gipfel des Monte Bisbone auf sich nimmt. Da er mit dem Auto befahren werden darf, kommt es in den Sommermonaten allerdings zu Behinderungen.

Auffahrt zum **Rifugio Colma del Bugone**

Im Norden Cernobbios liegt der Ort Rovenna. Von dort führt ein ganzjährig begehbarer Wanderweg zum Rifugio Colma del Bugone. Dieses Wegstück ist der erste Abschnitt der Via dei Monti Lariani, einem Etappenwanderweg entlang vieler sog. Maiensäße. Der Name dieser Almhütten mit Stall stammt wohl von ‚Maiensitz', einer Schutz- und Arbeitsunterkunft der Bauern, die im Mai das Vieh auf die Weiden trieben. Ziel unserer Wanderung ist nicht Sorico, der Endpunkt des VML, sondern das Rifugio Begone, ein Gasthaus mit Panorama-Aussicht.

Ausflugsberg **Monte Bisbone**

Mit dem Auto erreichbar ist der Monte Bisbino. Der 1 325 Meter hohe Berg im Süden des Comer Sees bietet einen schönen Blick auf das Umland. Das Ristorante Bisbino lädt Bergsportler zu einer unvergesslichen Rast ein. Fahren Sie von Cernobbio aus Richtung Casnedo, später Rovenna, und dann über enge Serpentinen bis fast auf den Gipfel. In den Sommermonaten, besonders am Wochenende, droht Stau. Wer auf die Fahrt mit dem Auto verzichten will, steuert zunächst über Morbio-Chiasso Bruzzela an, den Ausgangspunkt für eine schöne, relativ leichte Bergwanderung zum Gipfel des Monte Bisbino. Rifugio Bugone. 031 513808. E-Mail- info@rifugiobugone.com. www.rifugiobugone.it. Geöffnet vom 01. Juli bis 15. September und an den Wochenenden. Für Biker ist die Auffahrt auf den Gipfel des Monte Bisbino eine große Herausforderung. Ganz oben erwartet ein gemütliches Ausflugslokal, das die Einheimischen am Wochenende gerne (mit dem Auto) besuchen, die Radfahrer.

Übernachten in Cernobbio

(1) **Hotel Villa d'Este**. Via Regina, 40. 22012 Cernobbio. 031 3481. www.villadeste.de. Wunderschöne Villa aus dem 16. Jahrhundert mit paradiesischem Garten, unter anderem Heimat eines der ältesten noch stehenden Bäume der Lombardei, einer 500-jährigen Platane. Das Luxushotel ist mit allem Komfort ausgestattet. Einmal im Jahr treffen sich hier Oldtimer-Freunde aus aller Welt zum Concorso d'Eleganza. Preise ab EUR 500,00 (EZ). (2) **Albergo Trattoria La Vignetta**. Via Monte Grappa, 32. 22012 Cernobbio. 031 334 7055. www.lavignetta.it. Eine der besten Unterkünfte in Cernobbio. Bestnoten auch für das Restaurant. Preise ab EUR 45,00 (EZ). (3) **Hotel Miralago**. Piazza Risorgimento. 22012 Cernobbio. 031 510125. www.hotelmiralago.it. Stilvolles Hotel an der Piazza Centrale in Cernobbio. Preise ab EUR 110,00 (EZ).

Gut essen in Cernobbio

(1) **Trattoria del Vapore**. Via Garibaldi, 17. 22012 Cernobbio. 031 510308. www.trattoriadelvapore.it. Regionaltypisches Lokal mit nettem Personal und gutem, unkompliziertem Essen. Man sitzt ganz nett vor dem Lokal. (2) **Trattoria Il Gatto Nero**. Via Monte Santo, 69. 22012 Cernobbio. 031 512042. www.il-gattonero.it. Stilvolle Trattoria mit einem Händchen für das Besondere. Probieren Sie die vorzüglichen Vorspeisen (Antipasti); nicht ganz billig.

Colonno

ATTRAKTIVE WANDERBERGE IM RÜCKEN VON COLONNO

Colonno hat sich mit landwirtschaftlichen Erzeugnissen einen Namen gemacht, die an den Berghängen hinter dem Ort jahrhundertelang kultiviert wurden. Vom Wasser aus hat man einen schönen Blick auf den Ort, auch wenn die Durchgangsstraße etwas störend ist. Hinter dem Dorf ist ein kleiner Wasserfall, der im Frühjahr und nach ergiebigen Regenfällen ein interessantes Bild abgibt. Die **Kirche S. Michele** liegt malerisch in der Nähe des Ufers und prägt das Ortsbild entscheidend mit. Steil ansteigend über eine nicht durchgehend asphaltierte Straße erreicht man auf 1 200 m die zum Ort gehörige Alpe, wo im Sommer auch Milchprodukte gekauft werden können. Von dort geht es weiter in die Bergwelt zwischen Fedele Intelvi und Menaggio. In Colonno beginnt der Greenway del Lago.

Gut essen in Colonno

(1) **Trattoria Chegel**. Via Statale, 6. 22010 Colonno. 031 821393. Sehr rustikales und einheimisches Fischlokal, mit angegliedertem Fischladen.

DER DOM IST MITTELPUNKT VON COMO.

Von Cernobbio führt ein schöner Uferweg nach Como, der großen **Metropole des Comer Sees.** Standesgemäß trifft man am Ortseingang auf Italiens einzige Wasserflugzeugschule mit Hangar und beeindruckendem schwimmendem Fluggerät. Bei Interesse kann man hier, auch in englischer Sprache, die Prüfung zum (Wasser-)Flugschein ablegen. Unmittelbar dahinter stehen sich der Yachthafen und das Fußballstadion Comos vis á vis gegenüber. Sogleich drängt sich ein unverwechselbares Bauwerk in den Blick, es ist das neoklassizistische Museum zu Ehren Alessandro Voltas an der äußersten Spitze der Promenade. Der Tempel ist Mittelpunkt eines gelungen angelegten Grünstreifens, der als idealer Ruhepol im städtischen Treiben dient.

Die schöne Parkanlage verfügt über Ruhezonen, Kinderspielplätze, Kioske, Bocciabahnen und Toiletten. Folgen Sie der Promenade ca. 500 m nach Südosten, treffen Sie schließlich linkerhand auf den Tourismushafen mit allerlei Ausflugsmöglichkeiten per Schiff. Genau gegenüber, über eine stark befahrene Straße hinweg, liegt die Piazza Cavour. Hier beginnt das eigentliche Como, der ideale Startpunkt für eine Ortsbesichtigung. Como bietet zahlreiche Baudenkmäler, an erster Stelle den Dom, sehenswerte Kirchen, ein modernes Theater und mehrere hochrangige Museen. Historisch ist Como bedeutend: Kaiser Barbarossa und die bewegte Geschichte der Seidenproduktion sind nur die zwei wichtigsten Eckpfeiler dieser Stadt. Como ist Kulturstadt mit auch für Besucher interessanten Veranstaltungen. Das Lake Como Festival bietet von Juli bis September eine Vielzahl an musikalischen Leckerbissen im Bereich der ernsten Musik. Attraktiv sind die Austragungsorte rund um den Comer See: Villa Olmo, Villa Serbelloni, Palazzo Gallio, etc. Infos unter www.lakecomofestival.it. Das Palio del Baradello ist ein historisches Stadtfest, in dem an die Zeiten der Stadt unter Barbarossa erinnert wird. Kaiser Friedrich I. - Barbarossa (roter Bart) - besiegte 1159 den Erzfeind Mailand und zog anschließend triumphal in die Stadt Como ein. Das mittelalterliche Spektakel findet Ende August bis Mitte September statt. Es ist ein Fest der Comenser, sie schlüpfen in historische Gewänder und messen sich in vielerlei Kampfdisziplinen. Infos unter www.paliodelbaradello.it. Im Juli findet jedes Jahr mit dem ‚Festival Como Città della Musica' ein richtiges Bürgerfestival statt. An allen schönen und berühmten Plätzen der Stadt gibt es populäre Musik in allen Variationen. Hauptplatz ist natürlich die Piazza Cavour vorne am See. Infos unter www.comofestival.org.

Museum Alessandro Volta (Tempio Voltiano)

Folgen Sie von Westen kommend der Uferstraße, vorbei am Stadion und Yachtclub zum Tempiano Voltiano, einem beeindruckenden Bauwerk direkt am Comer See. Dieses an das indische Taj Mahal erinnernde Gebäude beherbergt ein Museum zu Ehren eines der berühmtesten Söhne der Stadt: **Alessandro di Volta**. Der Physiker und Naturwissenschaftler war besonders im Bereich der Elektrophysik erfolgreich. In unserer Bezeichnung ‚Volt' als Einheit der elektrischen Spannung ist seine Arbeit verewigt. Eine der bedeutendsten Erfindungen Voltas, die erste Zink-Kohle-Batterie, gehört zu den Exponaten des Museums. Indem er die verschiedenen Materialien abwechselnd aneinander schichtete, baute Volta die erste funktionsfähige Batterie der Welt. Voltas Geburtshaus finden Sie in der Via Volta 62, sein Denkmal steht auf der Piazza Volta im Zentrum der

DAS MUSEO TEMPIO VOLTIANO DIREKT AM SEE

Stadt. Es war im Jahre 1801, als Napoleon Bonaparte Alessandro Volta von Como nach Paris beorderte, um ihm diese, wie Volta sie nannte, ‚Voltaische Säule' zu demonstrieren. Jahre zuvor hatte der **Physiker Luigi Galvani** ihm mit seinen weltberühmten Froschschenkelversuchen den Weg zur ersten elektrischen Batterie geebnet. Er hatte den Zusammenhang zwischen zwei verschiedenen Metallen (Zink und Kupfer) und einer leitenden sauren Schicht hergestellt. Volta entwickelte die Idee weiter und konnte mit dieser Schichtbatterie schließlich den Beweis für die beabsichtigte Energieabgabe der beteiligten Stoffe liefern. **Praktisch die ganze Welt überhäufte Volta mit Ehrungen und finanzieller Unterstützung**. 1827 starb der Physiker mit 82 Jahren auf seinem Landsitz in Camnago, gut 20 km südlich von Como. 70 Jahre später wurde die elektrische Spannung nach seinem Namen benannt, sodass bis heute die Einhalt Volt (V) an diesen großen Wissenschaftler erinnert. Der frühere 10 000 Lire-Schein trug ebenfalls das Porträt Volts, die Rückseite zeigte die Säulen-Batterie. Tempio Voltiano (Museum). Viale Guglielmo Marconi. 031

574705. museicivici.comune.como.it. Preise von EUR 3,00 bis 6,00. Öffnungszeiten: Dienstag bis Sonntag. 10.00 bis 12.00/14.00 bis 16.00 (18.00 im Sommer). GPS: 45°48‘53“N 9°04‘31“E.

Drei bedeutende Sakralbauten
Zentral: **Dom von Como (il duomo)**

Wichtigstes Baudenkmal Comos ist der Dom. Er steht sehr zentral, nahe des Ufers, im südlichen Abschnitt der Fußgängerzone. Der Bau des Doms begann 1398. Obwohl die beeindruckende Fassade erst Ende des 15. Jahrhunderts - in der Renaissance - fertiggestellt wurde, zeigt sie deutlich gotische Züge. Die damalige enge politische und kulturelle Beziehung zu den Langobarden könnte die Comaesker bewegt haben, beim Dombau Althergebrachtes zu bevorzugen. Vier Bänder teilen die Fassade grob in drei Teile, ein aus dem byzantinischen Baustil bekanntes Grundmuster. Für die Gestaltung der Fassade und einiger Teilbereiche im Inneren des Doms

zeichnet der italienische Renaissance-Bildhauer und Stuckateur Tommaso Rodari verantwortlich. Dem Besucher offenbaren sich zahlreiche Kunstwerke. Besonders viel Wert wurde auf die Haarpracht Jesu Christi gelegt: man verwendete echtes menschliches Haar.

Die **Basilika di San Fedele**

In unmittelbarer Nähe des Doms steht die **Kirche San Fedele** aus dem 12. Jahrhundert, die mit einem ungewöhnlichen Grundriss (Kleeblatt), genannt Dreikonenchor, aufwartet. Dass in Köln eine ähnliche Kirche steht, nehmen Experten zum Beweis einer engen kulturellen Beziehung Comos zum damaligen Deutschland, speziell dem Rheinland. Im Inneren befinden sich schöne und wertvolle Fresken von Giovanni Andrea de Magistris aus dem 16. Jahrhundert. **Auf der Piazza Duomo ragt zudem ein Stadtturm aus dem 12. Jahrhundert auf, ebenso steht dort der Palazzo Broletto, der einst als Rathaus der Stadt diente.** Como hat zudem eine ruhmreiche Vergangenheit als Textilzentrum. Basilika San Fedele. Piazza San Fedele. 22100 Como. Öffnungszeiten von 08.00 - 12.00 und 15.30 - 19.00 Uhr (außer bei Gottesdiensten).

Die **Basilika di Santo Abbondio**

Bedeutendster romanischer Kirchenbau der Region am Fuße des Monte Baradello. Die Kirche wurde im 11. Jahrhundert von Benediktinermönchen auf viel älteren Überresten einer anderen Kirche erbaut. Im 19. Jahrhundert wurden einige Fragmente der Urkirche freigelegt. Der geradlinige Bau mit zwei imposanten baugleichen Türmen strahlt Kühle aus, im Inneren aber sind kunstvolle Fresken und Verzierungen zu betrachten. Leider schaffen es nur wenige Besucher in die Außenbezirke der Stadt zu dieser Kirche. Interessant sind auch die Klosteranlagen, die aktuell einen Teil der Universität beherbergen. Das nahe gelegene Castello Baradello errichtete einst Barbarossa.

Südlicher Ausgang: **Torre di Porta Vittoria**

Um Como herum finden sich noch Teile der alten Stadtmauer, auf die Sie irgendwann automatisch treffen, wenn Sie sich südlich halten. Leichter zu finden ist der **Torre di Porta Vittoria**, eine imposante Befestigungsanlage aus dem ausgehenden 12. Jahrhundert. Der Turm wurde zum Zweck der Verteidigung gebaut und misst 40 m. Hier endet auch die Fußgängerzone, die man durch einen Torbogen verlässt. Auf dem Weg hierher lernen Sie die historische Altstadt kennen, die mit ihren zahlreichen, wenig auf den Tourismus zugeschnittenen Geschäften zu einem ausgedehnten Stadtbummel einlädt. Zu erwähnen sind die Kirchen San Fedele, Sant'Abbondio, die Villa Olmo am westlichen Stadtrand und die Casa del Fascio.

Die Villa Olmo

Der Villa Olmo nähert man sich am besten zu Fuß vom nahen Ufer des Comer Sees. Das fast weiß strahlende Gebäude stammt aus dem frühen 19. Jahrhundert. **Der Schweizer Architekt Simone Cantoni** schuf einen neoklassizistischen Bau, der zunächst nur aus dem mittleren Teil bestand. Später wurden die beiden Außenflügel angebaut. Der Name der Villa rührt von einer hundertjährigen Ulme her, die einst auf dem Gelände stand. Heute ist die Villa im Besitz des ‚Centro Volta' und wird äußerst erfolgreich für kulturelle Veranstaltungen genutzt. **Die Organisationsleitung schafft es immer wieder, hochkarätige Künstler und Veranstaltungen in die Villa zu holen.** Villa Olmo. Via Cantoni, 1. 031 576169. www.centrovolta.it. Park geöffnet von 09.00 bis 19.00 Uhr. Gruppenführungen durch die Organisation Mondoturistico (Como): www.mondoturistico.it.

Geschichtsträchtig: **Casa del Fascio**

Die von **Giuseppe Terragni im Baustil des Rationalismus erbaute Casa del Fascio** stellt einen Meilenstein der italienischen Architektur dar. Terragni verwendete für den Bau so edle Materialien wie Marmor und Glas. Alles ist geometrisch strukturiert, vom Atrium bis zum Grundriss. Das Gebäude an der Piazza del Popolo, 4 besitzt eine dunkle Vergangenheit: während des Zweiten Weltkriegs diente es dem italienischen Faschismus als Parteizentrale. Heute befinden sich darin ein kleines Museum und ein Teil der städtischen Verwaltung. Der Besuch innerhalb einer Führung ist zu absolut empfehlen: jeden Samstagnachmittag: 15.45 bis 16.10 Uhr / 16.30 bis 16.55 Uhr / 17:00 -17,25 / 17.30 bis 17.55. Zu buchen über das Tourismus-Büro Como oder unter 031 264215. Eintrittspreise ab EUR 5,00.

Highlight: **Der Aero Club Como**

Die Geschichte des Aero Club Como, einer Flugschule für Wasserflieger, umfasst im Jahre 2013 stattliche 83 Jahre. Es war das Jahr 1930, der 06. April, als der Bau des heutigen Hangars die Gründung des Clubs manifestierte. **Damals war in Como schon lange ein Wasserflugplatz in Betrieb**, und es gab viele Luftfahrt-Veranstaltungen, was beides ausschlaggebend für die Gründung war: eine Entscheidung, die dem Comer See gut getan hat, ihn zu etwas Besonderem macht. Die Feierlichkeiten fanden damals in der Villa Olmo statt, viele Freunde und andere Interessierte nahmen daran teil. **Der erste große Höhepunkt - auch für den Aero Club - war die Landung der legendären Dornier X 1931 vor den Toren der Stadt.** Das damals größte Wasserflugzeug der Welt kam allerdings nie wieder, die Produktion wurde wegen technischer Unzulänglichkeiten bald eingestellt. Während des Zweiten Weltkriegs wurde es ruhig um den Club; Flächen und Hangar wurden militärisch genutzt. Nach dem Krieg waren es ein paar begeisterte Flieger, die mit drei Flugzeugen den Betrieb wieder aufnahmen: eine Caproni CA 100 und zwei Macchi MB 308. Obwohl in den nächsten Jahren immer wieder Maschinen dazukamen, verloren der Wasserflugplatz und der Club allmählich an Bedeutung. Der Bau des benachbarten Fußballstadions wurde vorangetrieben, die Platzverhältnisse verschlechterten sich zunehmend. Erst in den 80'er Jahren wurde die Bedeutung des Wasserflugplatzes neu entdeckt. Irgendwie passten die Aktivitäten in das neue Stadtkonzept der Verantwortlichen, Gelder flossen und die Aufmerksamkeit begann sich auf dieses spezielle Hobby einiger Verrückter zu fokussieren. Der Club konnte sich rasch wirtschaftlich erholen und expandiert auch heute immer weiter. Die Zahl der Flugzeuge nahm ebenfalls deutlich zu, über ein Museum zu Ehren dieser Sparte des Flugsports wird ernsthaft nachgedacht. Heute bietet der Club die Möglichkeit den Flugschein (PPL = Private Pilot Licence) zu erwerben, der dann die SEP/Sea, also die Berechtigung für einmotorige Wasser- und Amphibienflugzeuge bereits enthält. Wer die PPL schon hat, kann mit einer 5-stündigen Zusatzausbildung (zzgl. vorheriger Theorie) die Prüfung zum Führen eines Wasserflugzeuges absolvieren. Im Wesentlichen lernt der Flugschüler den Start und die Landung auf Gewässern, das korrekte Einschätzen der Start- und Landeflächen und die speziellen Wind- und Wasserbedingungen. Folgende Flugzeuge stehen zu Ausbildungszwecken zur Verfügung: Cessna 172 (XP), Piper PA 18, Cessna 305 und 206 und eine Lake LA 4-200 EP. Aero Club Como. Via Masia, 44. 20100 Como. 031 574495. info@aeroclubcomo.com. www.aeroclubcomo.it. GPS: 45°48'43.2"N 9°5'2.4"E.

Panoramablick inklusive: **Funicolare Brunate**

Zugig ist es im Frühjahr hier oben, doch der Blick auf Como, dieser lebendigen Stadt im Süden des Comer Sees, ist unvergleichbar. Der Dom, die schönen Kirchen, die bedeutenden Plätze, der Wehrturm, alles ist von Brunate aus gut zu erkennen. Die Stadt liegt einem zu Füßen, man muss eigentlich nur noch zugreifen. Die bodengebundene Seilbahn von Como nach Brunate befördert seit 118 Jahren Menschen von einem unzugänglichen Flecken Erde zu ihrem Arbeitsplatz nach Como. Die zunehmende Mobilität des zu Ende gehenden 19. Jahrhunderts hat diese Entwicklung von den Verantwortlichen der Gemeinde abverlangt. 1894 wurde die Standseilbahn Como-Brunate eröffnet, symbolträchtig für die moderne Entwicklung öffentlicher Verkehrsmittel. 1911 rüstete man ihren Antrieb von Dampf auf Elektrizität um. Ende der 1960er Jahre machte allerdings das Auto der Seilbahn so starke Konkurrenz, dass die Einnahmen die Kosten nicht mehr deckten. Nach langen Debatten führte ein Konsortium aus mehreren privaten Unternehmen schließlich den Betrieb weiter. Trotzdem ist das Problem nicht endgültig gelöst. Mit Hilfe des Tourismus versucht man nun den Betrieb der Seilbahn sicherzustellen. Die Bahn öffnet jeden Tag um 6.00 Uhr und schließt mit den letzten Gästen um 22.30 Uhr, die Fahrt selbst dauert sieben Min. Für Touristen wird ein spezielles Kombiticket (Blocchetto Turistico) angeboten: für EUR 20,00 erhält man die freie Fahrt nach Brunate und zurück, den Eintritt in den Turm und ein Essen in einem der Vertragsrestaurants. Brunate erreicht man auch über eine enge Straße oder zu Fuß über einen alten Eselspfad. Da sich an der Ausstiegstelle in Brunate viele Treppen befinden, ist die Bahnfahrt für Familien mit Kinderwägen ungeeignet. Funicolare Brunate. Piazza Alcide de Gasperi, 4. 22100 Como. 031 303 608. info@funicolarecomo.it. www.funicolarecomo.it. Preise von EUR 1,55 bis 20,00. Öffnungszeiten: ganzjährig von 06.00 bis 22.30 Uhr. Samstag und im Sommer bis 24.00 Uhr. GPS: 45°49'3"N, 9°4'58"E.

Brunate wurde im 4./6. Jahrhundert v. Chr. erstmals von Kelten besiedelt, was durch archäologische Funde beim Bau eines Weinkellers bestätigt werden konnte. Das Kloster bei Sant'Andrea wurde 1340 gebaut, übrig geblieben ist aber heute nur noch die gleichnamige sehenswerte Kirche. Am obersten Punkt des Städtchens befindet sich der ‚Faro di Volta', ein achteckiger Turm mit einer Höhe von 29 m. Er wurde 1927 zum 100. Todestag des großen Alessandro Volta erbaut und bietet besten Ausblick auf die Umgebung.

Interessante Museen im Stadtgebiet

Nicht nur als Schlechtwetterprogramm zu empfehlen. Die Museen stellen ambitioniert aus; gerade das Seidenmuseum, das der modernen Kunst und das Textilmuseum sind zu empfehlen. Je nach Interessensgebiet ein lohnender Zeitvertreib. **Museo Archeologica Paolo Giovo.** Archäologisches Museum. Piazza Meagglie d'Oro, 1. 031 252550. **Museo Storico ‚Giuseppe Garibaldi'**. Historisches Museum. Piazza Meagglie d'Oro, 1. 031 252550. **Pinacoteca Civica**. Pinakothek. Via Diaz, 84. 031 269869. Museo Studi del Tessuto. **Textilmuseum.** Lungo Lario Trento, 9. 031 233224. www.fondazioneratti.org. Collezione Arte & Arts. Museum für moderne Kunst. Via Pannilani, 23. 031 305621. www.miniarttextil.it. Museo della Seta. Museum zur Seidenproduktion der letzten Jahrhunderte in der Comer See-Region. Sehr interessant. (s. Seite 205).

Teatro Sociale di Como

Ein hübscher Zufall hängt mit der Eröffnung des Stadttheaters in Como zusammen: Es ist das Geburtsjahr von Giuseppe Verdi und Richard Wagner. In wieweit sich diese Übereinstimmung auf den Spielplan ausgewirkt hat, lässt sich nicht nachvollziehen. Tatsache ist, dass das Stadttheater sehr agil arbeitet und viele engagierte Künstler unter Vertrag hat. Barbara Minghetti und ihr Team stellen in jeder Spielzeit ein ambitioniertes Programm zusammen, 2011/12 stand z. B. Rigoletto auf dem Spielplan. Teatro Sociale Como. Via Bellini, 3. 22100 Como. 031 270171. www.teatrosocialecomo.it. Über die Homepage kann man das aktuelle Programm herunterladen und Tickets bestellen.

Parco Regionale Spina Verde

Das Naherholungsgebiet für die Bewohner von Como und Umgebung. Die Parkleitung hat in der näheren Umgebung einige Themenpfade entwickelt, welche die Natur, die Kultur und auch die Geschichte der Gegend beleuchten. Via Imbonati, 1. 22020 Cavallasca. 031 211131. www.spinaverde.it. Vom Castello Baradello hat man einen genialen Blick auf Como und den See.

Übernachten in Como

Heutzutage bucht man ein Hotel über das Internet. Die Bewertungen auf den einschlägigen Seiten geben ein vordergründig klares Bild über die Leistungen der jeweiligen Häuser. Doch kommt es immer wieder vor, dass sich Gäste negativ über die Art des Zimmers äußern oder sogar der Meinung sind, dass v.a. Internetbucher mit schlechteren Zimmern versorgt werden. Unser Team konnte dies, von wenigen Ausnahmen abgesehen, nicht feststellen. Bei den Bewertungen muss man auch die Kategorie der gebuchten Zimmer beachten, um sich abschließend ein tragfähiges Urteil zu bilden. Außerdem: hohe Übernachtungspreise verstärken auch die Erwartungen an ein Hotel. Wählen Sie daher lieber ein gepflegtes Mittelklassehotel mit Eigenschaften, auf die Sie als Gast wertlegen. Viele Grandhotels leben mehr aus ihrer Vergangenheit und weniger aufgrund ihrer Serviceleistung. (1) **Albergo Terminus Hotel**. Lungo Lario Trieste, 14. 22100 Como. 031 329111. www.albergo-terminus.it. Sehr zentrale Lage am See. Buchen Sie die Zimmer mit Seeblick. Preise ab EUR 143,00 (EZ). (2) **Hotel Palace**. Lungo Lario Trieste, 16. 22100 Como. 031 23391. www.palacehotel.it. Tolle Lage direkt am Ufer. Das Vier-Sterne-Haus sorgt für einen standesgemäßen Aufenthalt bei gehobenen Ansprüchen. Preise ab EUR 150,00 (EZ). (3) **Castello di Carimate Hotel & Spa**. Piazza Castello, 1. 22060 Carimate. 031 791770. www.castellodicarimate.com. Prestigeträchtiges Vier-Sterne-Hotel in Räumlichkeiten, die einst Edeldamen und tapfere Ritter beherbergten. Gäste mit Business-Interessen schätzen die moderne technische Ausstattung, die sich hier mit unverwechselbarem historischem Charme mischt. Die Küche gilt als exzellent. (4) Hotel Borgovico. Via Borgovico, 91. 22100 Como. 031 570107. www.hotelborgovico.it. Ruhig gelegen, in der Nähe viele Restaurants und Cafés. Gutes Preis-/Leistungsverhältnis. Preise ab EUR 45,00 (EZ). (5) B&B Storico. Via Giovio, 28 - 22100 Como. 031 6872123. www.bedandbreakfaststorico.com. Bestnoten und eine sehr ansprechende Gestaltung der Zimmer. Preise ab EUR 65,00.

Gut essen in Como

Viele gute bis sehr gute Speiselokale zieren die Metropole am Comer See. Vermeiden Sie es, an den Hauptplätzen und -sehenswürdigkeiten zu essen und zu trinken, denn Aufschläge von bis zu 40 Prozent sind keine Seltenheit. (1) Ristorante Pizzeria La Darsena. Via Lungo Lario Trieste, 54. 22100 Como. 031 301081. www.la-darsena.it. Schönes Terrassenrestaurant mit guter Bewirtung. Direkt am Ufer des Comer Sees, in der Nähe der Standseilbahn nach Brunate. (2) **Ristorante Sociale**. Via Rodari, 6. 22100 Como. 031 264042. www.ristorantesociale.it. Außergewöhnliches Ambiente wie in einem Weinkeller. Essen und Service sind hervorragend. Mittwoch Ruhetag. (3) **Trattoria Nostradamus**. Via Vitani, 24. 22100 Como. 031 269131. Viele Fürsprecher hat dieses Lokal mit sehr gutem Essen. Wochenmarkt an Dienstag und Donnerstag 8-16 Uhr, Samstag 8-18 Uhr; im Sommer zusätzlich regelmäßige Antikmärkte. Info-Terminal in der Piazza Cavour, 17. 22100 Como. 031 269712. Consorzio Como Turistica (Führungen). Piazza Duomo, 17. 22100 Como. 031 262226.

Der Comer See und die Seide

Die Seide ist die feinste Naturfaser, die der Mensch je hervorgebracht hat. Der feinste aller Stoffe hat von jeher fasziniert und ist aufgrund seiner aufwändigen Produktion teuer und selten. Heute macht die Seide etwa 1% der weltweiten Faserproduktion aus. Seidenstoff führt deshalb ein Schattendasein in der Mitte der Gesellschaft, nur wenige Betuchte können sich diesen Luxus leisten. **So ist Seide in der Haute Couture zuhause**, zeigt sich auf Modenschauen und in Schaufenstern der angesagten Modehäuser. Der Comer See ist auch Teil der Geschichte und Ausbreitung der Seide in Europa. Como war im 17. Jahrhundert eine Metropole der europäischen Seidenindustrie, China belieferte den Rest der Welt.

Ursprünglich ließ Kaiser Justinian im Jahre 565 die ersten Eier des Seidenspinners nach Konstantinopel bringen. Zwei Mönche, so heißt es, welche die Seidenspinnerzucht in Asien erlernt hatten, ergänzten später das nötige technische Wissen für Zucht und Verarbeitung. Die Seidenproduktion breitete sich von Konstantinopel über Griechenland nach Sizilien aus, im 16. Jahrhundert machte sich Palermo als Seidenproduzent einen Namen. Die Städte Venedig und Lucca folgten dem Branchenprimus nach. Auch in Como etablierte sich eine stattliche Industrie – Europa war im Seidenboom. Landstriche, die vom Klima her geeignet schienen, sattelten auf den neuen Industriezweig um. **Überall wurden Maulbeerbäume gepflanzt, die Nahrungsgrundlage für die eigentlichen Fadenproduzenten, die Seidenspinner.**

Como hatte, auch in Hinblick auf heute, glücklicherweise neben der Produktion auch viele verarbeitende Betriebe und verlegte sich immer mehr auf die Verarbeitung und Veredelung von Rohseide. Als Mitte des 19. Jahrhunderts eine Epidemie fast alle europäischen Bestände der Schmetterlingsfamilie tötete, ging es mit der Produktion langsam bergab. **Die erhöhten Ausgaben für Hygienemaßnahmen führten viele Unternehmen in die Insolvenz**, und der Import der Seide aus Asien nahm wieder Fahrt auf. Como und seine verarbeitende Industrie trotzte dieser Entwicklung und schwang sich innerhalb von 150 Jahren zum Weltmarktzentrum der Seidenverarbeitung und -veredelung auf. Dazu gehörte zunehmend das Färben der Stoffe mit sog. Anilin- oder Azofarben.

Heute liegt das Know-how der hiesigen Seidenverarbeitungsindustrie zu fast 75% in Hand der Lombarden, eine unglaubliche Zahl. Bei der Produktion hat inzwischen Brasilien die Nase vorn - Klima, Bodenbeschaffenheit und andere Faktoren bilden hier ein optimales Zusammenspiel für die Anforderungen des Seidenspinners. Weitere wichtige Produktionsländer sind China, Indien und Vietnam. Die Maulbeerbäume rund um den Comer See zeugen von der kurzen, aber einträglichen Zeit der Seidenproduktion am See. Die Herstellung der Seide ist ein Prozess, in dem der bis zu 1 km (!) lange Faden eines Seidenraupenkokons zunächst wieder abgewickelt wird.

Dazu wird das Tier einige Tage vor dem Schlüpfen durch Wasserdampf getötet. Würde man den Schmetterling schlüpfen lassen, wäre naturgemäß mit Beschädigungen an der Austrittstelle zu rechnen. Für einige ein Grund, auf Kleidungsstücke aus Seide zu verzichten.

Die Raupe des Seidenspinners ernährt sich ausschließlich von den Blättern des Maulbeerbaums, die Früchte sind für sie völlig uninteressant. Gut vier Wochen nach dem Schlüpfen hat sie ihre richtige Größe erreicht und beginnt sich einen Kokon zu spinnen. Dabei arbeitet sie mit den vier Drüsen ihres Kauwerkzeugs, zwei am Ober- zwei am Unterkiefer. Bei diesem Vorgang verbinden sich die proteinhaltigen Seidenfäden (Fibroin) mit dem sog. Seidenbast (Serizin), dem Klebstoff, der die Seidenfäden verstärkt und zusammenhält. Nach acht bis zehn Tagen werden die Kokons in Wasserdampf gegeben, wodurch die Raupen im Innern des Kokons

absterben. Nun wird der Faden vorsichtig abgespult, in der Fachsprache ‚**abhaspeln**' genannt. Anschließend werden die Seidenfäden in ein Bad aus Lauge gelegt, wo sich der Seidenfaden wieder von dem Klebstoff löst und gereinigt und gebleicht wird, um dann zu den verschiedenen Stoffarten weiterverarbeitet zu werden: **Chiffon**, **Satin** und **Taft**. Beschädigte und nicht abspulbare Fäden werden als minderwertigere Bourette-Seide in speziellen Verfahren verarbeitet und günstiger angeboten. Diese Seide ist unregelmäßiger und matter. **Die Eigenschaften der Seide sind in ihrer Fülle allen anderen Fasern überlegen**. Sie fühlt sich bei Feuchtigkeit noch lange trocken an, ist sehr elastisch und extrem leicht. Neben der Zuchtseide wird auch die Wildseide angeboten. Diese wird aus den Kokons der Tussahspinner (Wildseidenspinner) gewonnen, neben einem Qualitätsunterschied zeigt sich hier auch eine dunklere gelbliche Färbung.

Gefärbt wird Seide bis heute mit Anilin. Die erstmals 1826 von dem Chemiker Otto Unverdorben aus der Indigopflanze gewonnene Flüssigkeit ist farblos und ölig und gehört zu den Aromaten (einer Kohlenstoff-Wasserstoff-Verbindung). Sie hat die Eigenschaft, sich mit anderen Anilinformen zu verbinden und so weitere Farben zu bilden. Das synthetische Anilin führte letztlich zu einer revolutionären Methode, das natürliche Indigo (blau) künstlich und kostengünstig herzustellen. Für Como war von Vorteil, dass in der nahen Schweiz mit der Firma CIBA und der deutschen BASF bald schon zwei starke Chemiefabriken Anilin in großen Mengen produzierten. So konnte man diesen Farbrohstoff günstig und schnell beziehen. Als es nach dem Zweiten Weltkrieg mit der Produktion von Seide in Como und auch dem Rest Europas endgültig vorbei war, schaffte Como es so, ein Weltmarktzentrum der Seidenverarbeitung aufzubauen. Heute findet einmal im Jahr die wichtige Idea Como statt, die führende Messe für Seide.

In der ehemaligen Seidenschule ist das Museum für Seidenkultur untergebracht, das Interessierte sehr eindrucksvoll über das Thema informiert. Es zeigt die Geschichte der Seide in aller Welt, einige sehr eindrucksvolle Seidenwebmaschinen und vieles über die Verarbeitung und Veredelung dieses einst so bedeutenden Stoffes. Museo Didattico della Seta. Via Castelnuovo, 9. 22100 Como. 031 303180. www.museosetacomo.com. Preise von EUR 3,50 bis 10,00. Geöffnet (ganzjährig) von Montag bis Freitag: 09.00-12.00 und 15.00-18.00 Uhr.

DAS KLEINE ZENTRUM VON LAGLIO

Laglio ist George Clooney und Clooney ist Laglio. Das im Jahre 2003 durch diesen Zuzug bekannt gewordene Städtchen erhält seither mehr Zulauf, als es den Einwohnern lieb ist. **George Clooney** eröffnete den Reigen mit dem Kauf der Villa Oleandra, in der er relativ viel Zeit verbringt. Das Haus befindet sich an der Kreuzung Via Vecchia Regina (Bild; Hauptstraße am See) und der Via Soldino (GPS: +45° 52' 48" N, +9° 8' 19" E). Direkt daneben liegt ein kleiner Fischerhafen, der seitdem stark frequentiert wird. Laglio hat ca. 1 000 Einwohner, das Dorf Torrigia wurde vor einigen Jahren eingemeindet. Genau hier, gegenüber von Careno, verläuft die engste (650 m) und **tiefste Stelle** (ca. 420 m) **des Comer Sees.** Wer an der Villa Clooney vorbeigelaufen oder -gefahren ist, findet in Laglio noch mehr interessante Sehenswürdigkeiten. Auf ca. 670 Metern Höhe in Richtung Monte Colmegnone befindet sich die **Buco dell'Orso**, eine Höhle, die erstmals 1841 von einem mutigen Einheimischen erforscht wurde. Darin fanden sich Knochenreste von Höhlenbären, welchen das Felsloch seinen Namen zu verdanken hat. Diese Bärenspezies, die Höhlen zum Winterschlaf und als Kinderstube nutzte, starb in der jüngsten Eiszeit aus. Grund für die reichen Knochenfunde ist das kalkhaltige Milieu, das den Verfall der Überbleibsel verlangsamte. Die am Eingang riesig gähnende Höhle verjüngt sich immer mehr, je weiter Sie ins Innere vordringen. Dabei treffen Sie auf vom Wasser ausgewaschene Becken, umrahmt von Stalaktiten und Stalagmiten. Zur Zeit der Schneeschmelze sprudelt hier auch ein Bächlein, das in einen kleinen See mündet.

Wieder zurück im Ort lohnt es sich, auf den Friedhof zu gehen. Joseph Frank, deutscher Arzt, Wasserkur-Experte und großer Fan des Comer Sees, hat sich dort im 19. Jahrhundert ein Denkmal in Form einer zwanzig Meter hohen Pyramide setzen lassen. Den Medizinern dürfte allerdings eher sein Vater bekannt sein: Die Johann-Peter-Frank-Medaille ist die höchste Ehrenbezeugung des Bundesverbandes der Ärzte des Öffentlichen Gesundheitsdienstes. Zu erwähnen ist noch die Pfarrkirche San Giorgio mit schönen Stuckarbeiten von Stefano Salterio, der in Como seinerzeit zu hohem Ruhm gelangt ist. Viele seiner Werke sind rund um den Comer See zu bewundern. Die Kirche wurde im 16. Jahrhundert erbaut und seither um einige Kunstwerke ergänzt.

Übernachten in Laglio

(1) **Relais Regina Teodolinda**. Via Vecchia Regina, 58. 22010 Laglio. 031 400 031. www.relaisreginateodolinda.it. Außergewöhnliches Haus in reizvoller Umgebung. Preise ab EUR 220,00 (DZ). (2) **Hotel San Marino**. Via Regina Nuova, 64. 22010 Laglio. 031 401471. www.hotel-sanmarino.it. Direkt am See gelegenes Hotel mit besonderem Charme. Den Gast erwartet ein Drei-Sterne-Haus mit Restaurant, Pizzeria, schönem Garten, Kinderspielplatz und weiteren Extras. Preise ab EUR 60,00 (DZ).

Gut essen in Laglio

(1) **Locanda del Cantiere**. Via Vecchia Regina, 91. Laglio-Torriggia. 031 401400. www.lalocandadelcantiere.it. Wöchentlich wechselnde Gerichte in der markanten Umgebung einer alten Werft.

LEZZENO WIRD AM ABEND VON DER SONNE VERWÖHNT.

Lezzeno ist eine rund 7 km lange, sich fast endlos am Ufer des Comer Sees entlang schlängelnde Ortschaft mit insgesamt 17 Fraktionen, davon sieben direkt am See. Oberhalb der Uferstraße befinden sich zahlreiche, auch mehrstöckige Wohnhäuser, in denen viele Arbeiter und Saisonkräfte der umliegenden Tourismuszentren wohnen. **Lezzeno spielt keine große Rolle im Fremdenverkehr**, dazu fehlen die touristischen Angebote. Allein die Buco dei Carpi (Karpfenloch), eine Art ‚**Blaue Grotte**' des Comer Sees, ist einen Besuch wert. Hin und wieder starten Boote von Bellagio und Lezzeno zur Grotte, in der sich bei entsprechender Witterung und Sonnenstand herrliche Lichtspiele und Spiegelungen zeigen. **Die Gemeinde Lezzeno feiert jedes Jahr am 18. März das Feuerfest** (vgl. Funkenfeuer). Dazu wird nahe dem Ufer ein Turm aus Brennbarem aufgebaut und entzündet. Im Juli veranstaltet die Lega Nord ihr jährliches Treffen in dieser Gemeinde.

Die **Pfarrkirche von St. Quirico e Giulitta** mit den schönen Fresken von Giulio Quaglio ist sehenswert. Im Ortsteil Pescaù steht die Villa Citterio aus dem 17. Jahrhundert, die heute als Altersheim fungiert. In und um ihre Gärten findet sich ein Großteil der Freizeitangebote für Bevölkerung und Gäste. So gibt es hier beispielsweise einen kleinen Yachthafen und Spielplätze. Entlang der Uferlinie liegen naturbelassene Strandbereiche, ein alter Saumpfad oberhalb der Hauptstraße verbindet die Orte miteinander. **Die Via Regio führt durch Wälder, ehemalige Weinberge und kleinere Taleinschnitte.** Ab und an sieht man ein Wegzeichen. Die Berglandschaft hinter der Gemeinde ist kaum begehbar, nur in der Ortsmitte von Villa führt ein Weg in Richtung Agriturismo Madonna dei Ceppi, der im weiteren Verlauf den Zugang zum Monte San Primo ermöglicht. In der Fraktion Rozzo sind Überreste eines Schlosses zu sehen.

Übernachten in Lezzeno

(1) **Filario Hotel & Residences**. Strada Provinciale 583, 89, 22025 Lezzeno. 031 914035. www.filario.it. Bestes Hotel am Ort. Preise ab EUR 300. (2) **Hotel Villa Aurora**. Via Sossana, 2. 22025 Lezzeno. 031 914645. www.hotelauroralezzeno.com. Schönes Hotel direkt am See mit eigenem Strand und Steg, die Terrasse mit Restaurant lädt zum Verweilen ein. Preise ab EUR 45,00 (EZ). (3) **Hotel-Ristorante Crotto del Misto**. Fraz. Crotto 10. 22025 Lezzeno. 031 914541| www.crottodelmisto.com. Attraktives Hotel mit zwölf Zimmern, einem beeindruckenden Weinkeller und Angeboten für Bootsfahrten, Hochzeiten und andere Events. Preise ab EUR 55,00 (EZ). **Hotel Helvetia** an zentraler Position. Unkompliziertes Albergo mit zwei Sonnenterrassen. www.helvetialezzeno.it.

Gut essen in Lezzeno

(1) **Ristorante Hotel Aurora** (siehe oben). Bestes Lokal am Ort. Ittiturismo da Abate. Frazione Villa, 4. 22025 Lezzeno. 338 5843814. www.ittiturismodabate.it. Das Fischen ist bei den Besitzern eine Passion. Entsprechend liebevoll gehen sie mit den Früchten des Sees um. Gute Qualität. (2) **Ristorante Hotel Crotto del Misto** (Siehe oben). Gute Küche, freundliches und zuvorkommendes Personal.

SALA COMMACINA UND SEINE MALERISCHE SZENERIE

Modezar Gianni Versace (1946-1997) verbrachte zu Lebzeiten viel Zeit in diesem schönen Ort acht Kilometer nördlich von Como, den er als seine Wahlheimat bezeichnete. Er residierte in der Villa Fontanelle, einem Haus aus dem 18. Jahrhundert, das sich majestätisch in symmetrischer Bauweise am Ufer des Comer Sees erhebt. Nach Versaces Tod kaufte ein frisch zu Reichtum gelangter Russe die Villa.

Moltrasio ist ein Bade- und Sommerfrischeort mit Tradition. Schon früh kamen die Menschen aus Mailand und anderen Städten für die Ferien oder ein Wochenende hierher. Heute hat es sich zu einem regelrechten **In-Treff der italienischen, vornehmlich der mailändischen High Society** entwickelt. Gefeiert wird in den zahlreichen Hotels und Restaurants in der Nähe des Lidos, vor allem an den Sommerwochenenden. Sehr attraktiv ist der alte Ortskern rund um die Pfarrkirche San Martino. Der für die Bebauung terrassierte Berg bildet hier zusammen mit den alten Häusern, dem rauschenden Gebirgsbach und dem Seepanorama eine malerische

Kulisse. Lebten die Menschen in Moltrasio ursprünglich vom Fischfang, sind sie heute fast ausschließlich vom Tourismus abhängig. Bis vor kurzem wurde in der näheren Umgebung ein blau-grauer Stein, die ‚pietra moltrasina', abgebaut. Heute gibt es noch einen einzigen steinverarbeitenden Betrieb am Ort (www.pietramoltrasina.com).

Moltrasio ist reich an prunkvollen Bauwerken. Zu den bedeutendsten gehört die **Villa Passalacqua** (früher ‚Il Palazzo di Moltrasio'), in welcher der berühmte Komponist Vincenzo Bellini wohnte und zwei seiner bekannten Stücke schrieb. Die Villa, die heute ein Hotel ist, und die angrenzenden Gärten bestimmen einen wesentlichen Teil der Uferlinie, alles ist sehr gepflegt und luxuriös. Bei einem Rundgang durch den Ort sind eine Reihe weiterer Herrschaftshäuser zu entdecken.

Die **Chiesa dei Santi Martino e Agata**

In der Via Fratelli Raschi steht die 1495 auf den Grundmauern erbaute Pfarrkirche. Sie verbirgt schöne Fresken, die bei Kunstinteressierten ein hohes Ansehen genießen. Der von außen sachliche Bau zeigt nur an der Hauptfassade Züge aus der Spätrenaissance und die Namen der verehrten Heiligen. Die Abkürzung D.O.M. Steht für ‚Deo optimo maximo', dem besten und höchsten Gott. Skurril ist der Überbau vom Oratorium di San Rocco zum Hotel Post. **Oberhalb des Ortes liegt das Rifugio Bugone, zu dem eine mehrstündige Wanderung führt.** Im Sommer ist es täglich geöffnet und bietet einige Speisen an. Auf halber Strecke liegen die Monti di Urio und die Monti di Liscione, nette Maiensäße, mit schöner Aussicht auf den See und die nähere Umgebung. Neben dem Hotel Imperalino befindet sich ein Stück öffentlicher Badestrand (Lido). Eine Pizzeria und eine Bar versorgen die Badegäste mit dem Nötigsten.

Übernachten in Moltrasio

(1) **Grand Hotel Imperiale**. Via Durini.22010 Moltrasio.031 346111. www.hotel-lago-como-imperiale.com. Beeindruckender, 1926 als Familienbetrieb eröffneter Hotelkomplex an der äußeren Landspitze in Moltrasio. Das mit allem Komfort, Pool, Villa und Restaurant ausgestattete Haus liegt direkt am Ufer des Comer Sees. Preise ab EUR 104,00 (EZ). (2) **Hotel Ristorante Posta**. Piazza S. Rocco, 5. 22010 Moltrasio. 031 290444.

www.hotel-posta.it. Drei-Sterne Hotel mit 17 Zimmern. Das Albergo besteht seit dem Jahre 1720, die Familie Vanini Taroni betreibt es seit rund hundert Jahren mit viel Gastfreundschaft. Ristorante und Café im Haus. Fährboot-Anlegestelle direkt gegenüber. Preise ab EUR 64,00 (DZ als EZ).

Gut essen in Moltrasio

(1) **Trattoria del Fagiano**. Via Roma, 54. 22010 Moltrasio. 031 290000. www.trattoriadelfagiano.it. Sehr gute Küche. Keine Angst, es gibt keinen Fasan. (2) **Ristorante Imperialino**. Via Regina, 26. 22010 Moltrasio, Italien. 031 346111.

Nesso

Die kleine Gemeinde vor den Toren Comos ist geprägt von den teilweise malerischen Häusern, die bis hinunter zum See reichen. Die Kirchen SS Pietro e Paolo und Santa Maria di Vico erfreuen das Auge des Touristen. Das Flüsschen Nose (**Fiume di Nose**) hat hier eine kleine Schlucht gegraben, **über die eine römische Brücke führt, die Ponte della Civera**. Sie ist architektonisch interessant und wird von Besuchern gerne fotografiert. Im Frühjahr oder nach heftigen Regenfällen sucht sich das Bächlein mit viel Getöse seinen Weg in den See. Parken Sie am besten bei der Trattoria del Ponte direkt im Ort, von der Brüstung ist die Brücke schon gut zu erkennen. Über gewundene Kopfsteinpflasterwege geht es hinunter zum See. Vom Teilort Zelbio führt ein Wanderweg (enge Straße) auf den Monte San Primo, für die Autos ist bei den Monti di Ermo Schluss. Die umliegenden Berge warten mit schönen Wanderstrecken auf.

Übernachten in Nesso

(1) **Hotel Tre Rose**. Via Borgonuovo, 4. 22020 Nesso. 031 910137. www.trerosehotel.com. Ganzjährig geöffnetes Hotel mit fantastischem Seeblick. Freundliches Personal. (2) **Locanda Mosè**. Località Piani di Nesso. 22020 Nesso. 031 917909. www.locandamose.it. Auf ca. 1 000 Meter Höhe gelegener Bauernhof mit vier Gästezimmern, ein guter Ausgangspunkt für Wanderungen zum Monte Palanzone, Monte San Primo und Monte Bolettone. Das Restaurant mit Produkten aus eigenem Anbau und regionaltypischen Polenta-Gerichten ist von Juni bis September täglich, sonst am Wochenende geöffnet.

DER KLEINE HAFEN IST ENTZÜCKEND.

Der **Ort mit jahrhundertelanger Tradition im Seiden- und Textilhandel** liegt auf einer Anhöhe an einer der schmalsten Stellen des Sees. Die Nachbarschaft zu Como ließ hier den Handel blühen, wovon auch heute noch manche Einrichtungen zeugen. Vor dem 15. Jahrhundert zählte die Gemeinde über 5 000 Einwohner, doch nach Kriegen und der Pest wurde diese Zahl nie mehr erreicht. Das Städtchen mit Blick auf die gegenüberliegende Seeseite gibt sich ruhig und bescheiden. Wer mit dem Boot von Como anreist, kann die hübsche Uferlinie genießen. **Die Szenerie aus alten Häuser, der Kirche und den Restaurants ist absolut stimmig.** Im Bereich der Altstadt findet man heute noch vereinzelt Zeugen wohlhabenderer Zeiten in Form von aufwändig verzierten Fassaden. Torno liegt landschaftlich schön auf einer kleinen Landzunge.

Hinter dem Ort erhebt sich der **Monte Piatto** (610 Meter), der einen weiten Blick über die Umgebung eröffnet. Der Weg auf den Monte ist wenig anspruchsvoll, man läuft fast ausschließlich unter Esskastanienbäumen. Vom Gipfel aus können Sie in rund fünf Stunden nach Brunate wandern und mit dem Boot zurückfahren. **Die romantische Piazza G. Casartelli** oberhalb des Fischerhafens, die Kirche San Giovanni, die Reste einer alten Befestigungsanlage und die Villa Pliniana sind kulturelle Höhepunkte.

Übernachten in Torno

(1) **Hotel Glavici**. Via Cesare Poggi, 25/a. 22020 Torno. 031 419010. www.hotelglavjc.it. Tolle Lage am Hang mit sagenhafter Aussicht auf den Comer See. Das Drei-Sterne-Haus ist schlicht eingerichtet, bietet Restaurant und Bar und einen schönen Garten rund ums Haus. Preise ab EUR 72,00 (DZ). (2) **Albergo Ristorante Vapore**. Via Plinio. 22020 Torno. 031 419311. www.hotelvaporetorno.com. Kürzlich renoviertes Haus direkt am Ufer des Comer Sees und nahe der Altstadt, die Terrasse des Ristorante liegt oberhalb einer kleinen Anlegestelle. Preise ab EUR 75,00 (DZ). (3) **B&B Bellavista**. Via Cesare Poggi, 9 22020 Torno. 031 309884. Liebevoll eingerichtete Zimmer in einem außergewöhnlichen Haus. (4) **Appartamenti Belvedere**. Piazza Giovio 18. 22020 Torno. Appartmenthaus in guter Lage am See. Preise ab EUR 100,00 (Studio).

Gut essen in Torno

(1) **Crotto Piazzaga**. Località Piazzaga. 031 419827. www.crottopiazzaga.com. Traditionelle, einfache und regionale Hausmannskost mit geschmackvollen Gerichten: Pizzocheri, Tagliatelle mit Wildschweinragout, Ravioli gefüllt mit Bitto, frische Gnocchi, Schmorbraten. Das Geheimnis liegt in der Frische und Echtheit der Produkte, und natürlich ist alles mit Liebe gekocht.

Südlicher Seearm Ost (Lecco)

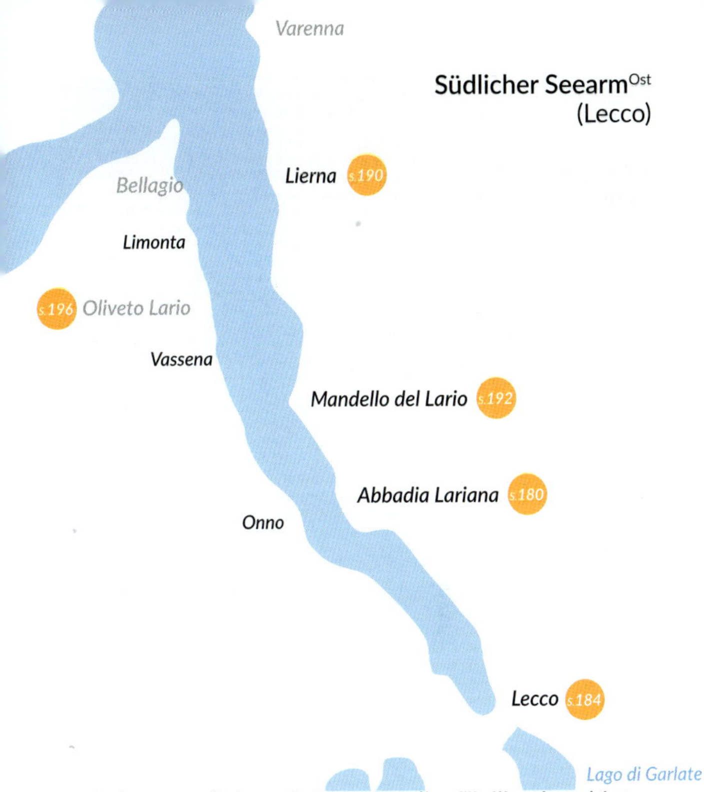

Auf der westlichen Seite tritt die Zivilisation hinter schroffen Felsen zurück. Der Weg dorthin führt am östlichen Ufer unter anderem an **Mandello del Lario, der Geburts- und Produktionsstätte der legendären Motorradmarke Moto Guzzi**, vorbei. Auch Abbadia Lariana verdient einen Besuch, beginnt hier doch der berühmte **Sentiero del Viandante**, ein schöner Wanderweg über alte Saumpfade bis nach Colico.

Landschaftlich reizvoll führt er in mehreren relativ kurzen, zwei- bis dreistündigen Etappen von Ort zu Ort, sportliche Wanderer schaffen ihn auch in zwei Tagen. Fährt man das gegenüberliegende Ufer vom Süden in Richtung Bellagio entlang, erlebt man den Comer See von einer völlig neuen Seite: **Steile Felsen, dünn besiedelte Gebiete und wilde Natur prägen die Gegend**. Die Natur hat den Siedlern hier wenig Spielraum gelassen, und auch Landwirtschaft war von jeher schwer zu betreiben. Einige wenige Unermüdliche aber trotzen der Natur, sodass es heute einige kleine Ansiedlungen gibt, einen spartanischen Campingplatz und ein paar Uferbereiche, an denen man relativ risikoarm an den See gelangt.

DER SEGELHAFEN VON ABBADIA LARIANA

Der Name der Stadt leitet sich von Abbazia (Klosterkirche) ab. Von dem damaligen Kloster ist allerdings heute nichts mehr zu sehen, stattdessen wurde an der entsprechenden Stelle eine neue Kirche errichtet, San Lorenzo. 1928 hat man die kleinen Ortschaften Abbadia sopr'Adda und Linzanico zu einem Gemeindeverbund zusammengeschlossen. Der Ort in seiner heutigen Form liegt auf einer kleinen Landzunge, die der Fluss Zerbo mit den Geröllsteinen des Grigne-Bergmassivs vor langer Zeit aufgeschwemmt hat. Im Fremdenverkehr spielt die Gemeinde bisher eine eher untergeordnete Rolle, versucht allerdings seit einigen Jahren, dies zu ändern. Der Campingplatz wurde unter neue Leitung gestellt, der Uferbereich aufgepeppt. Der **Parco di Chiesa Rocca am nördlichen Ortsende ist der Treffpunkt für Badefreunde** in den Sommermonaten, Parkplätze stehen zur Verfügung. Ein weiterer Badeplatz befindet sich im südlichen Strandabschnitt (bei der Banca Populare parken). Durch den fast durchgehenden Uferweg lässt sich der Ort auf entspannte Weise kennenlernen.

Seidengeschichte pur: **Civico Museo Setificio Monti**

Das interessante Museum illustriert die Geschichte von Peter Monti, der im Jahre 1818 von Mailand nach Abbadia kam, um hier die Seidenindustrie aufzubauen. Damals ließ er ein großes Gebäude zur Aufzucht der Raupen errichten und erwarb Maschinen zur Weiterverarbeitung. Heute bietet das einstige Firmengelände einer äußerst reichhaltigen Sammlung Platz, auch didaktisch-pädagogische Angebote sind buchbar. Auf Wunsch werden Führungen organisiert. Via Nazionale, 93. 23821 Abbadia Lariana. 0341 700381. www.museoabbadia.it. Geöffnet Mittwoch, Freitag, Sonntag und an Feiertagen. Preise ab EUR 2,50.

In Abbadia wird viel in Sachen Bergsport geboten: ein Weg führt vom Ort zu den **Piani Resinelli**, einer malerisch gelegenen Hochebene direkt unterhalb der Grigne. Auf knapp 1 200 m findet der Besucher einen kulturell vielseitigen Gemeindeverbund mit viel Bezug zu den umliegenden Bergen und der Natur. Ende des 19. Jahrhunderts begann hier oben die Besiedlung, auch gefördert durch den Abbau verschiedener Metallerze, die v.a. die Stadt Lecco mit den nötigen Rohstoffen versorgte. Bis heute wurden zwei Stollen soweit erschlossen, dass sie besucht werden können (Infos im Gemeindezentrum der Piani Resinelli). Aufgrund ihrer Nähe stellen die Piani ein Eldorado für Wanderer, Kletterer und Bergsteiger dar, weshalb es inzwischen auch über zwanzig Beherbergungs- und Versorgungsbetriebe gibt. **Das Bergmassiv der Grigne und des Monte Collignone bietet unerschöpfliche Möglichkeiten.** Die Homepage der Piani Resinelli präsentiert ihren Gästen eine sehr ausführliche Darstellung aller Wandertouren, sortiert nach Schwierigkeitsgrad. Das Gebiet ist auch mit öffentlichen Verkehrsmitteln erreichbar. **Resinelli Turismo**. Via Escursionisti. 23821 Abbadia Lariana Loc. Piani Resinelli. 331 5748156. www.resinelliturismo.it. Eine weitere angenehme, wenig anspruchsvolle Wanderung führt von Abbadia (Kirche San Martino) über Borbino, Mandello, Rongio, Lierna und Fiumelatte nach Varenna. **Die Route ist Teil des Sentiero del Viandante, der in Abbadia beginnt und sehr gut beschildert ist.** In Höhe des Ortszentrums gibt es eine große Liegewiese sowie einen relativ breiten und ca. 500 m langen Strand. In direkter Nachbarschaft ist der Campingplatz. Parkplätze mit einigen Freizeiteinrichtungen sind vorhanden.

Übernachten in Abbadia Lariana

(1) Park Hotel Abbadia Lariana. Via Nazionale, 142. 23821 Abbadia Lariana. 0341 703193. www.parkhotelabbadia.com. Schön gelegenes Hotel mit Frühstücksterrasse und herrlicher Sicht auf den Comer See. Großzügige Grünanalagen direkt vor dem Haus. Preise ab EUR 75,00 (EZ). (2) B&B Bio-Haus. Via Corona, 22. 23821 Abbadia Lariana. 0347 0750005. Neu renovierte und nach ökologischen Gesichtspunkten gebaute Pension. Interessant! (3) **B&B Contrada Lunga**. Frazione Linzanico, Via alla Chiesetta, 10. 23821 Abbadia Lariana (LC).+39.335.6443223. www.contradalunga.it. Schönes und topbewertetes B&B. Preise ab EUR 37,00 (EZ). (4) **Camping Spiaggia**. Via al Campeggio, 5. 23821 Abbadia Lariana. 0341 731621. www.campingspiaggia.com. Schön gelegener Campingplatz direkt am Ufer des Comer Sees. Seit 2008 unter neuer Leitung. (5) **Camping Alippi**. Via del Ram, 52. 23821 Abbadia Lariana-Piani Resinelli. 0341 590119. Einfacher Platz auf den Piani Resinelli, einem landschaftlich reizvollen Hochplateau zwischen 1 200 und 1 300 Metern.

Gut essen in Abbadia Lariana

(1) **Ristorante Da Piero**. Piazza Stazione, 5. 23821 Abbadia Lariana. 0341 731542 www.ristorantedapiero.it. Seit 1980 erfolgreich in Familienhand, wartet das Haus mit Fisch- und Meeresspezialitäten auf. (2) Il Vicolo. Via San Rocco, 8. 23821 Abbadia Lariana. 0341 700603. Exzellentes Essen, schwer zu finden. Nicht von der rustikalen Inneneinrichtung abschrecken lassen. (3) **I Bodega**. Via Nazionale 181, 23821 Abbadia Lariana. 0341 367507. ‚**Normale**' Pizzeria.

Lecco

Die landschaftlich schön gelegene 50 000-Einwohner-Stadt zeichnet sich durch ihre Vielseitigkeit aus. Die Berge rundherum laden zu ausgiebigen Wanderungen und Touren verschiedener Schwierigkeitsgrade ein, wobei die Erhebungen im Westen wesentlich niedriger sind als im Osten, was die Sommerabende in der Stadt mit viel Sonnenschein versüßt. **Die Altstadt samt Fußgängerzone ist ausgesprochen malerisch**, die weitläufige Piazza zwischen Uferpromenade und Fußgängerzone mit ihren Cafés und Restaurants zu allen Tageszeiten Mittelpunkt des städtischen Treibens. Eine Shoppingtour durch die Innenstadt gehört in Lecco unbedingt dazu, nicht zuletzt wegen **der vielen Konditoreien** und den vielfältigen Geschäften für jeden Geldbeutel. Interessante Touren per Schiff und ein ausgiebiger Spaziergang entlang der Promenade runden den Aufenthalt ab.

Lecco liegt an der Südspitze des östlichen Zweiges des Lario, der an dieser Stelle wie ein Fjord wirkt. Hier verlässt die Adda den Comer See und fließt weiter in den **Lago di Garlate** und anschließend in den Lago di Olginate. Die vielseitige Natur rund um die Provinzhauptstadt ist für die meisten Einwohner der Region Mittelpunkt ihrer wochenendlichen Freizeitaktivitäten. Auch Bergfreunde kommen auf ihre Kosten. **Im Norden sind die Piani Resinelli das Ziel ambitionierter Kletterer und Bergsteiger**. Auch das angrenzende Valsassina bietet unzählige Tourmöglichkeiten. Mit dem Regionalpark Monte Barro existiert auch ein Ausflugsziel mit Info- und Sportangeboten für die ganze Familie. Leccos Hausberg schlechthin ist der westlich stehende Monte Resegone. Mit einer Seilbahn, einem Naturpfad und einem sehr gut ausgebauten Wanderwegenetz ist dieser Berg das Hauptziel der Leccenser. Die Touristeninformation ist sehr zentral gelegen (Via Nazario Sauro, 6) und gibt eine sehr ausführliche deutsche Broschüre für Lecco und das Umland aus. **Kulturell ist der Ort vom italienischen Schriftsteller Alessandro Manzoni geprägt**. Mit dem Roman ‚Die Verlobten' schuf er ein bedeutendes Regionalwerk, das viele sogar für sein Meisterwerk halten. Seit kurzem wird vom örtlichen Tourismusverband eine Stadtführung zu den im Roman genannten Orten angeboten.

Wichtigstes Bauwerk: Die **Villa Manzoni**

Alessandro Francesco Tommaso Manzoni geboren am 7. März 1785 in Mailand, gestorben am 2. Mai 1873 ebenda, war ein italienischer Schriftsteller. Sein bedeutendstes Werk ist der Roman ‚**I Promessi Sposi**' (in deutscher Übersetzung ‚Die Verlobten - Eine mailändische Geschichte aus dem siebzehnten Jahrhundert'). Manzoni selbst wuchs in Lecco auf und auch sein Roman spielt dort. Die Villa Manzoni kann heute besichtigt werden, sie beherbergt ein Museum. Auch auf die Spuren der Romanfiguren kann man sich begeben. Informationen hierzu gibt es in der Villa und am Infopoint. Villa Manzoni. Via Guanella, 7. 23900 Lecco. 0341 481247. www.museilecco.org.

Zentral: **Die Basilica di San Nicolò**

Das eigentliche Wahrzeichen der Stadt ist die Basilica di San Nicolò, die nahe dem Ufer 96 Meter hoch über die Stadt hinausragt. Im 7. Jahrhundert erbaut, wurde sie im Laufe der Zeit immer wieder verändert und ausgebaut. Heute zeigt sie sich im neoklassizistischen Stil. Die Fassade erhielt im 18. Jahrhundert ihre Gestalt, der Glockenturm wurde erst 1904 fertiggestellt. Im Inneren der Basilika trifft man auf Fresken des späten 14. Jahrhunderts, in der Taufkapelle auf Überreste der Vorgängerkirche aus dem 13. Jahrhundert.

Schlicht: **Die Santuario Nostra Signora della Vittoria**

Das Gotteshaus überrascht jeden Besucher mit ungewöhnlicher Optik. Erst in diesem Jahrhundert erbaut, sucht man zum Beispiel Fresken alter Künstler vergebens, auch wenn vereinzelte Kunstwerke aus dem 16. und 17. Jahrhundert aufgehängt sind. Die Kirche befindet sich an der Ecke Via Trieste und Via Visconti Azzone, die zur gleichnamigen Brücke über die Adda führt.

Den schönsten Zugang zur Innenstadt bietet die **Piazza Cermenati**, die ihren Namen dem Naturwissenschaftler und Alpinisten Mario Cermenati verdankt, dem hier auch ein Denkmal gesetzt wurde. Südlich davon, am Platz des 20. September, steht der Torre Visconti, von dem aufgrund der dichten Bebauung nur der obere Teil zu sehen ist. Im Turm werden wechselnde Ausstellungen gezeigt. Sale mostre della Torre. Piazza XX Settembre. 0341/282396. Öffnungszeiten: Dienstag bis Freitag, von 15.00-19.00 Uhr. Samstag/Sonntag von 10.30 -12.30 und 15.00-19.00 Uhr. Montag geschlossen.

Im **Palazzo Belgiojoso am Corso Matteoetti** verbergen sich gleich vier verschiedene Museen: das Archäologische Museum, das Naturkundemuseum, das Museum des Widerstandes und das Planetarium. Der Torre Viscontea, ein Teil der ursprünglichen Stadtmauer im Zentrum, beherbergt heute Wechselausstellungen des Alpenvereins. Auch ein Seidenmuseum findet sich in Lecco, das **Museo della Seta Abegg di Garlate**. Es wurde 1935 von einem Schweizer Seidenindustriellen eröffnet und informiert über alle Schritte der Seidenproduktion, zeigt Dokumente, Bilder und Maschinen. Villa Manzoni - Museo Manzoniano e Galleria Comunale d'arte. Via Guannella, 7. 23900 Lecco. 0341 481249 o. 481247. www.museilecco.org. Öffnungszeiten: 09.30-17.30; Montag geschlossen; Preise ab EUR 3,00. Palazzo Belgiojosa. Haus des Museums. Corso Matteotti, 32. 23900 Lecco. 0341 481248. www.museilecco.org. Öffnungszeiten: 09.30-14.00, Montag geschlossen; Eintritt frei. Torre Viscontea. Il museo della montagna e dell'alpinismo lecchese. Piazza XX Settembre. 23900 Lecco. 0341 282396. www.museilecco.org. Museo della Seta Abegg di Garlate. Via Statale, 490. 23852 Garlate (LC). 0341 701139. www.museosetagarlate.it. Öffnungszeiten: Sonntag 10.00-12.00 und 14.00-18.00 Uhr; Preise ab EUR 2,50.

Übernachten in Lecco

(1) **Hotel Griso**. Strada Provinciale 51. 23864 Lecco. 0341 239811. www.griso.info. Guter Service, schöner Blick auf den See. Preise ab EUR 80,00 (EZ). (2) **Hotel NH Pontevecchio**. Via A. Visconti, 84. 23864 Lecco.

0341 238000. www.nh-hotels.de. Nicht gerade schön, da es etwas steril wirkt, dafür zentral und sehr sauber. Preise ab EUR 79,00 (EZ). (3) **Hotel San Gerolamo**. Via San Gerolamo, 56. 23808 Lecco. 0341 420429. www.hotelsangerolamo.it. In Vercurago, nur 5 km von Lecco entfernt, eingebettet in die unverwechselbaren Ufer- und Hügellandschaften des Comer Sees, erweist sich das Hotel San Gerolamo als der geeignetste Ort, um die von Manzoni zitierten Routen von Renzo und Lucia zu entdecken, antike Dörfer und eindrucksvolle Wallfahrtskirchen zu besichtigen, Bootsfahrten auf dem See zu unternehmen und dabei die prachtvollen Wohnhäuser zu bewundern. (Originalbeschreibung seitens des Hotels; dem ist eigentlich nichts hinzuzufügen!). Preise ab EUR 75,00 (EZ). (4) **B&B Polvara Trentuno**. Via Mons. Polvara, 31. 23900 Lecco. 0341 272595. www.polvaratrentuno.it. Design B&B vom Feinsten. Die Schlichtheit und Geradlinigkeit des Einrichtungsstils ist nicht jedermanns Sache. Preise ab EUR 45,00 (EZ). (5) **Relais Il Presidio**. Via Cassina, 17. 23848 Imberido di Oggiono bei Lecco. 333 5210975. www.relaisilpresidio.com. Geschmackvolle Zimmer, etwas außerhalb von Lecco. Sehr empfehlenswert, gut sortierter Weinkeller. Preise ab EUR 90,00 (EZ).

Gut essen in Lecco

(1) **Ristorante Bar Larius**. Via Nazario Sauro, 2. 23900 Lecco. 0341 363558. www.ristorantelarius.it. Feine Speisen erwarten Sie in gepflegtem Ambiente. Im Sommer wird auch im Freien serviert. (2) **Ristorante Trattoria Le Streghe**. Via Caldone, 17. 23900 Lecco-Olate. 0341 498316. www.intrattorialestreghe.com. Regionaltypische Küche in mystischem Ambiente. Motto der kreativen Betreiberinnen: ‚In jeder Frau steckt eine kleine Hexe!' Service auch im Freien. (3) **Ristorante Al Porticciolo 84**. Via Fausto Valsecchi, 5.22900 Lecco.0341 498103. Gehobenes Restaurant ohne marktschreierischen Auftritt, dafür mit gepflegter mediterraner (Fisch-)Küche. Mit Garten und Terrasse. Mittwochs bis sonntags.

Lecco ist ein Freizeitparadies!
Der **Lago di Garlate** im Süden der Stadt

Der südlich angrenzende Lago di Garlate führt ein regelrechtes Schattendasein, kaum einer nimmt ihn wahr. Jenseits der Ponte Azzone bildet die Adda diesen kleinen See vor den Toren von Garlate. Die Westseite ist von Industrie geprägt, der Süden und Osten gehört den Anwohnern und Urlaubern. **Es gibt mehrere Strände und einen Campingplatz.** Im Ort selbst residiert die ehemalige Seidenfabrik der Schweizer Familie **Abegg**. Auch eine Besichtigung der Ponte di Azzone, einer um 1336 erbauten Arkadenbrücke, die Lecco und Garlate verbindet, bietet sich an. Die ursprünglich acht Arkaden wurden im Laufe der Zeit auf elf erweitert. Taucher finden direkt am Hafen einige Anbieter mit Tauchboot. In der näheren Umgebung erwartet ein Golfplatz die Freunde des Puttens und Einlochens.

Familiäres Wochenendziel: Der **Monte Resegone**

Der Hausberg von Lecco, der Monte Resegone, ragt wie ein Monument östlich über der Stadt empor und ist auch mit einer Seilbahn erreichbar. Von Lecco aus schroff und unzugänglich, präsentiert sich seine südliche Seite wesentlich sanfter. Weiden und Mischwald erstrecken sich über weite Teile des Anstiegs. Der Resegone zieht sich über viele Gipfel. Da die Berghütten strategisch günstig liegen, sind auch mehrtägige Touren gut möglich.

Die Klettersteigdichte der Resegone-Gruppe ist die höchste in ganz Italien: Mehr als 20 Steige gibt es hier zu erklimmen. Gern besuchte Berghütten sind Azzoni, Marchett und Stoppani. Mit ein wenig Glück begegnen Sie auch der für diese Region typischen Tierwelt: Rehe, Gämsen, Hasen und sogar die selten gewordenen Auerhähne. Mit viel Glück und einem starken Fernglas gelingt vielleicht gar ein Blick auf einen Adler. Der in der Tourismuszentrale (Via Nazario Sauro, 6) ausliegende Gratis-Wanderführer ‚Sentiero Lariani' und andere Publikationen geben einen guten Überblick über die besten Touren am Resegone und den Nachbarbergen.

Seilbahn von **Malnago zu den Piani d'Erna**

Für einen fantastischen Blick auf Lecco, Teile des Comer Sees und die umliegenden Berge empfiehlt sich die **Fahrt mit der Seilbahn auf die Piani d'Erna**, einem Hochplateau unterhalb des Monte Resegone. Oben treffen Sie auf einen Lehrpfad, auf dem Sie viel über die Bergwelt und natürlich über die Flora der Region erfahren. Die Talstation der Seilbahn (Funivia Piani d'Erna) erreichen Sie von Lecco aus in Richtung Valsassina.

Der **Parco Monte Barro**

Auf der anderen Seite der Adda, die hier den Comer See verlässt und im weiteren Verlauf die Seen Garlate und Olginate speist, befindet sich der **Naturpark Monte Barro**, ein beliebtes Ausflugsziel der Bewohner von Lecco. Der Aufstieg zum 922 Meter hohen Barro wird von einem botanischen Lehrpfad flankiert, der über die heimische Flora informiert. In den Gipfel- und Kammlagen genießen Sie einen tollen Blick über den Comer See und die anderen Seen der Umgebung. Der Nationalpark ‚Parco naturale del Monte Barro' verfügt über eine Vielfalt von ca. 1 000 Pflanzen auf gerade einmal 7 km^2. In einem ehemaligen Befestigungssystem befindet sich ein kleines Naturkundemuseum, in dem alle wichtigen Gesichtspunkte des Parks erläutert werden. Parco Barro. Via Bertarelli, 11. 23851 Galbiate. 0341 542266.

Lierna

Lierna ist ein sympathischer kleiner Ort rund 6 km südlich von Varenna. Genau genommen ist er ein Zusammenschluss aus elf Fraktionen, mit dem gleichnamigen Hauptort am Ufer des Comer Sees. Highlight ist das Castello di Lierna, das auf einer malerischen Halbinsel weit in den Comer See hinausragt und in vergangenen Zeiten vor Angreifern schützte. Davor finden Sie einen von zwei hübschen Strandabschnitten, die auch von den Einheimischen im Sommer gerne besucht werden. Lierna bietet zudem romantische, ‚typisch italienische' Altstadtszenarien. Nahe der Via Roma befindet sich ein etwas größerer, von Laubbäumen gesäumter Gemeindeplatz. Leider wird er allerdings vornehmlich als Parkplatz genutzt. Über die Via Alessandro Volta gelangt man in den alten Ortskern. In Richtung See ist man schnell an der Schiffsanlegestelle, und wer sich von dort aus in Richtung Süden begibt, kann noch ein Weilchen am See entlanglaufen.

Hauptanziehungspunkt der Besucher ist das Castello di Lierna. Als Befestigungsanlage mit römischem Grundriss konzipiert, entwickelte sich in den Jahrhunderten ein regelrechtes Burgdorf mit Wohnhäusern, Kirche und Arbeitsstätten. Der ehemals quadratische, einem römischen Wachturm ähnelnde Bau hat bis zu 45 cm dicke Mauern - stumme Zeugen einer ereignisreichen Geschichte. Teodolinda und Adelaide, zwei Damen, die immer wieder mit dem Comer See in Verbindung gebracht werden, sollen hier kurze Zeit mehr oder weniger freiwillig gelebt haben. Die Burg spielte auch eine wesentliche Rolle in den vielen kriegerischen Auseinandersetzungen mit den Mailändern und anderen Invasoren. Heute ist die Burganlage auf einer Halbinsel im See eine der beliebtesten Ecken Liernas. Die nördlich angrenzende Badebucht ist im Sommer stets gut gefüllt, ein Parkplatz und eine Tiefgarage sorgen für ausreichend Parkraum. Ganz in der Nähe kann man im Restaurant ‚Il Crotto' gut speisen. Via Ducale 22, Lierna. Die Pfarre von Lierna steht in exponierter Lage in der Via Parodi, 45. Sie wurde im 17. Jahrhundert fertiggestellt, erfuhr 1778 einige bauliche Veränderungen und Ergänzungen, und wurde Anfang des 19. Jahrhunderts durch Einsetzen des Altars endgültig fertiggestellt. Damit endet die aufregende Geschichte des Kirchenbaus, der ursprünglich zu Mandello del Lario gehörte. Im Inneren lassen sich einige sehenswerte Fresken von Macolino und Marigliani bewundern. Man beachte auch die kleine Kapelle in der direkten Nachbarschaft. Von Lierna aus führt über den Ortsteil Semenico ein Wanderweg zur Forcella dell'Alpe, ein anderer zur Bocca di Lierna und ein dritter zum Monte Pizzo Palagia. Außerdem geht auch der Fernwanderweg Sentiero del Viandante hier vorbei. Infos (Wanderbeschreibungen und Karten) gibt es im Tourismus-Büro.

Übernachten in Lierna

(1) **Il Bogno B&B**. Via Genico, 12/a. 23827 Lierna (LC). 0341 740544. www.ilbognobeb.it. Schönes und gepflegtes Haus in Genico, direkt am Ausgangspunkt einiger Wanderungen in die Umgebung. Preise ab EUR 50,00 (EZ). (2) Bed & Breakfast Casa Nini. Via Parodi, 11. 23827 Lierna. 0341 740506. www.casanini.it. Haus mit freundlichem Service und viel Herz für die Gäste. Grund genug, in Lierna ein paar Nächte zu verbringen. Preise ab EUR 40,00 (EZ). (3) **Bed & Breakfast Le Ortensie**. Via Roma, 180. 23827 Lierna. 0348 2644190. www.leortensiebedandbreakfast.com. Gegenüber dem Strand Riva Bianca, nahe dem Castello. Guter Service.

Gut essen in Lierna

(1) **Ristorante La Breva.** Via Imbarcadero, 3. 23827 Lierna. 0341 741490. www.ristorantelabreva.it. Typisch italienisches Lokal mit großer überdachter Terrasse. (2) Sottovento Lierna. Via Imbarcadero, 3. 23827 Lierna. 0341 740005. www.sottoventolierna.it. Ambitioniertes, reizvoll gelegenes Speiselokal mit Blick auf den Comer See oder ‚Lago di Lecco', wie ihn die Einheimischen nennen.

DER MALERISCHSTE TEIL VON MANDELLO DEL LARIO

Mandello ist Moto Guzzi, Moto Guzzi ist Mandello. Das ist das Resümee nach einem ausgiebigen Besuch dieser ca. 10 000 Einwohner fassenden Ortschaft zwischen Varenna und Lecco. Das kleine Gebirgsbächlein Meria hat über lange Zeit das heutige Gemeindegebiet geschaffen, indem es das harte Geröll der Grigne ins Tal beförderte. **Heute ist Mandello ein Luftkurort, den Erholungssuchende aus aller Welt wegen der angenehm temperierten Sommer schätzen.** Luftströmungen, Lage und das Bergmassiv im Rücken sorgen dafür, dass die Temperaturen im Winter nicht zu tief und im Sommer nicht zu hoch sind. Zwei Naturstrände und ein kommunales Bad hinter der Mündung des Flusses sind in den Sommermonaten beliebte Aufenthaltsorte. Lange schon ist Mandello aber auch Industrie- und Handwerksstadt, und wirklich schön ist der Ort nicht. Dennoch gibt es einen historischen Ortskern, der gewissen touristischen Erwartungen standhalten kann. Die Kirchen Sacro Cuore, San Lorenzo, Santa Eufemia und Sant'Abbondio verkörpern die geistliche Geschichte. Schöner sind die Ortsteile oberhalb von Mandello: in

Maggiana z.B. hat man nicht nur einen großartigen Blick auf die Umgebung, sondern mit dem Torre di Barbarossa auch ein richtig bedeutendes Baudenkmal. Legendär ist das jährlich stattfindende Moto Guzzi-Fest, das die ganze Stadt mitreißt. Tausende Besucher, überströmen den kleinen Ort und die Geräuschkulisse fällt laut aus.

Hintergrund | **Moto Guzzi**

Der italienische Motorrad-Hersteller **Moto Guzzi, dessen weltbekanntes Markenzeichen einen Adler mit ausgebreiteten Schwingen darstellt, wurde 1921 in Mandello del Lario gegründet** und ist seit 2004 Teil des Piaggio-Konzerns. Neben Mofas, Motorrollern, Kleinmotorrädern und Dreirädern zählt besonders die Motorrad-Palette, die von 125 bis 1 200 Kubikzentimeter Hubraum reicht, zu den Aushängeschildern von Moto Guzzi, das nicht nur wegen seiner zahlreichen Erfolge im Motorsport und wegweisenden technischen Innovationen Kult-Status genießt. **Der Heeresflieger Giorgio Parodi gründete am 15.03.1921** mit seinem Freund, dem Flugzeugtechniker Carlo Guzzi, im italienischen Städtchen Mandello del Lario die ‚Aktiengesellschaft Moto Guzzi'. Als weiteres Gründungsmitglied gilt der kurz nach dem Ersten Weltkrieg abgestürzte Pilot Giovanni Ravelli, zu dessen Andenken das Zeichen des ‚beschwingten Adlers' ins Leben gerufen und fortan zum Symbol von Moto Guzzi wurde.

Dank der finanziellen Unterstützung von Parodis Vater und der tatkräftigen Mithilfe des Schmids von Mandello del Lario schufen die beiden im Keller von Guzzi einen Prototypen namens ‚G.P.' (Guzzi. Parodi), von dem noch im Gründungsjahr (und in abgespeckter Form) 17 Motorräder unter der Modellbezeichnung ‚Normale' das Licht der Welt, genauer gesagt das Licht von Mandello del Lario erblickten. Trotz ihrer wirtschaftlichen Bedeutung als Industrie- und Handwerkszentrum bewahrte sich die am Fuße des Grigna-Massivs liegende Ortschaft ihren historischen Charakter. Bereits 1925 bauten die mehr als 300 in Mandello del Lario beschäftigten Mitarbeiter 1 200 Motorräder, wobei sich Moto Guzzi bis 1934 zum größten italienischen Motorrad-Hersteller entwickelt hat. 1928 entwarf Guiseppe, der Bruder von Carlo Guzzi, eine zukunftsweisende Hinterradfederung. Um die Zuverlässigkeit dieser Dreiecksschwinge samt Federpaket und der damit ausgestatteten Maschinen unter Beweis zu stellen, ließ es sich Guiseppe nicht nehmen, mit einer ‚G.T.' bis zum Polarkreis in Norwegen zu fahren, womit sich dieses Motorrad seinen daraufhin erhaltenen Beinamen ‚Norge' redlich verdiente. Ein weiterer wegweisender Schritt gelang Moto Guzzi 1966, als die luftgekühlten V2-Motoren hergestellt und erstmals im Modell ‚V7' eingebaut wurden. Vorteil dieser Motorbauart, die nach wie vor zu den ‚herausragenden Merkmalen' von Motorrädern der Marke Moto Guzzi zählt, ist der tiefere Schwerpunkt, der nicht nur Handling und Sicherheit positiv beeinflusst, sondern auch den wartungsarmen Kardanantrieb begünstigt, sowie eine erhöhte Schräglagenfreiheit samt vorteilhaftem Massenausgleich bietet. Des Weiteren gelang Moto Guzzi mit dem ab den 1970'er-Jahren eingesetzten, Integralbremssystem eine innovative Technologie, die erst in den Modellen ab 2006 durch das ABS ersetzt wurde. 1967 gründete Moto Guzzi die SEIMM-Gesellschaft, wobei die immer wieder in Erscheinung tretenden wirtschaftlichen Schwierigkeiten des Unternehmens durch den Verkauf an Aprilia im Jahre 2000 sowie deren Anschluss an den Piaggio-Konzern 2004 endgültig der Vergangenheit angehören.

Einige Modelle und **sportliche Erfolge**

Neben den Tourenmotorrädern, allen voran die Modellreihe ‚California', überzeug(t)en vor allem die Sportmaschinen wie ‚Centauro', ‚Daytona' oder ‚Le Mans'. Die heutigen Modelle wie ‚Breva 1200', ‚Griso 8V', ‚Stelvio 1200 8V' oder ‚V11 Sport' tragen, in moderner Form, noch immer den Geist der 1920er- bis 1950er-Jahre in sich, als Moto Guzzi insgesamt sowohl sieben Fahrertitel in der Motorrad-Europameisterschaft einheimsen als auch in der Motorrad-Weltmeisterschaft mit acht Fahrerweltmeistertitel in verschiedenen Klassen restlos überzeugen konnte und sich somit zur ‚lebenden Legende' machte. Im Museum kann man einige Meilensteine der jetzt 100-jährigen Entwicklung studieren, auch viele Motorräder samt Prototypen und Rennmaschinen sind dort ausgestellt. Moto Guzzi Museum. Via Parodi, 57.

Mandello del Lario. 034 17 09 111. www.motoguzzi.it. Öffnungszeiten: werktags von 15.00-16.00 Uhr; Sonn- und Feiertage nach Vereinbarung. 01.08. - 31.08. und 20.12. - 02.01. geschlossen.

Übernachten in Mandello del Lario

(1) **Albergo Grigna**. Via Statale, 29. 23826 Mandello del Lario. 0341 731105. www.albergogrigna.it. Stimmungsvolles, kürzlich renoviertes Haus. Preise ab EUR 60,00 (EZ). (2) Hotel Al Verde. Via Privata. 23826 Mandello-Frazione Rongio. 0341 735104. www.hotelalverde.com. Wundervoll in den Bergen oberhalb Mandello gelegenes Hotel. Preise ab EUR 35,00 (EZ).

Gut essen in Mandello del Lario

(1) **Ristorante Ricciolo**. Strada Statale, 165. 23826 Mandello del Lario. 0341 732546.www.ristorante-ricciolo.com. An der Hauptstraße gelegenes Haus mit schöner, zum See gewandter Sonnenterrasse.

RADELN AM NÖRDLICHEN SEE

Für Promenadenradler gibt es am Comer See nur wenig Raum. Auf der Straße zu fahren ist in Italien nämlich sehr gefährlich, auch wenn es italienische Zweiradler nicht zu stören scheint, sich den engen Raum mit hupenden Landsleuten in Kleinwagen zu teilen. Viele Radrennfahrer nutzen sogar jede freie Minute, die Küstenstraße rund um den Comer See zu Trainingszwecken entlang zu radeln. Für die meisten Touristen ist dies aber nicht zu empfehlen, auch wenn im Norden und dann weiter bis ins Valtellina doch einige Strecken zur Verfügung stehen. Für Mountainbiker hingegen wurden in den letzten Jahren eine Vielzahl landschaftlich und sportlich interessanter Touren entwickelt, sodass die Mountainbiker-Szene derzeit im Begriff ist, die Region Comer See für sich zu entdecken. Es gibt zunehmend Tourenberichte im Internet, Roadmaps bzw. GPS-Tracks zum Download und gedruckte Tourenvorschläge im Buchhandel. Das Buch ‚32 Mountainbike-Touren' von Annette und Rainer Kälberer bietet hier für EUR 17,90 einen gelungenen Ideengeber. Auch Veranstalter vor Ort richten sich langsam auf die neue Klientel ein und bieten Service rund ums Fahrrad an. Cavalcalario Club | Località Gallasco, 1. 22021 Bellagio. www.bellagio-mountains.it. Tabo Surf Center | Via Prato del Vento. 22010 Gera Lario. www.tabosurf.com. Sun of a Beach Windsurf Via Montecchio Nord. 23823 Colico. www.windsurf-colico.com.

Bergwandern und **Klettern**

Der Comer See ist mit seiner abwechslungsreichen Landschaft zweifellos einer der schönsten Seen des Alpenraums. Die umliegenden Berge aber sind hier für viele nicht mehr als Statisten, die **ein atemberaubendes Landschaftsbild** bieten. Sie kennenzulernen, auf die Berge zu steigen, ist bis dato nicht sehr verbreitet. Trotzdem wollen wir einige Tipps für das Bergwandern geben und so den Blick für die Faszination der Bergwelt am Comer See öffnen. **Der höchste Berg am See**, der Monte Legnone, könnte technisch gesehen für Kinder, ungeübte oder ängstliche Wanderer zur Sackgasse werden. Vorsicht walten zu lassen oder eine Tour frühzeitig abzubrechen ist keine Schande, Bergsport soll schließlich Spaß machen und Erfolgserlebnisse vermitteln. Angst, Erschöpfung und Gefahr müssen nicht sein, ein langsames Herantasten auch an schwierigere Touren bildet behutsam die eigenen Stärken aus und sorgt zukünftig für viel Freude in den Bergen. Beginnen Sie also mit einer kleineren, wenig anstrengenden Tour, wie z.B. auf den Monte Berlinghera.

Die **schönsten 26 Wanderungen am Comer See** gibt es im Comer See-Wanderführer, der ebenfalls im Zwischenräume Verlag erschienen ist.

Mehrtägige Etappenwanderungen

Sich das Gebiet des Comer Sees durch mehrtägige Wanderungen zu erschließen, ist eine wunderbare Idee. In jeder Himmelrichtung verlaufen die Strecken in unverwechselbarer Umgebung und zeigen den See von seiner schönsten Seite. Material dazu ist zwar schwierig zu beschaffen, aber vorhanden.

Via dei Monti Lariani (VML)

Eine insgesamt etwa 125 Kilometer lange ambitionierte Wanderstrecke auf alten Bergpfaden in etwa 800 bis 1 200 Höhenmetern oberhalb des Comer Sees ist die Via dei Monti Lariani. Die Wege stellen uralte Verbindungen zwischen ehemals bewirtschafteten Almen dar, auf die Bauern ihr Milchvieh im Frühjahr hinauf und vor dem Winter wieder in die Ställe am Seeufer hinunter trieben. Mitte des 20. Jahrhunderts endete diese Form der Milchwirtschaft aus Mangel an Rentabilität. Erfahrene Wanderer berichten, dass die einzelnen Wegstrecken auch von geübten Sportlern nicht ohne weiteres zu bewältigen seien. Es empfiehlt sich also unbedingt, ein Zelt, genügend Verpflegung und gutes Kartenmaterial mitzuführen. Auch wenn Trinkwasserbrunnen relativ regelmäßig über die gesamte Strecke verteilt sind, ist sicherheitshalber ein ausreichender Vorrat an Trinkwasser mitzunehmen. Die Strecke wird vor allem zur Nebensaison so gut wie nicht genutzt, Wanderern begegnet man selten. Naturgenuss und sportliche Herausforderung stehen im Mittelpunkt.

Sentiero delle quatro Valli

Ein 50 km langer Wanderweg von Breglia (oberhalb Menaggios) in westlicher Richtung durch vier wunderschöne Gebirgstäler bis nach Dasio in der Nähe des Luganer Sees. Die Strecke ist in drei Etappen eingeteilt und führt durch die Täler Val Sanagra, Val Cavargna, Val Rezzo und Valsolda. Das besondere: An jedem Endpunkt einer Tagesetappe befindet sich ein Gasthaus mit Übernachtungsmöglichkeit.

La Dorsale del Triangolo Lariano

Eine interessante Zwei-Tages-Wanderung führt **von Brunate nach Bellagio**, mitten durch das Triangolo Lariano, wie das Dreieck Como-Lecco-Bellagio genannt wird. Unterwegs gibt es Übernachtungsmöglichkeiten. Streckenbeschreibungen aller drei Touren finden sich als PDF zum Ausdrucken, herausgegeben von den Gemeinden Como, Menaggio und Bellagio.

Die **Strada Regina Antica**

Die Strada Regina Antica ist ein alter Weg zwischen Como und Chiavenna, den in früheren Zeiten Händler, Bauern und Gewerbetreibende als Nord-Süd-Verbindung genutzt haben. Heute ist der Sentiero eine willkommene Wandergelegenheit auf antiken Steinpfaden am Westufer des Comer Sees, auf Trampelpfaden, teilweise auch auf Straßen, die allerdings wenig befahren sind. Der attraktive Weg ist eine erlebnisreiche Unternehmung für die ganze Familie. Jede Etappe ist ca. drei bis vier Stunden (reine Gehzeit) lang und man passiert dabei die wichtigsten Sehenswürdigkeiten des Westufers. Die Länge jedes der zehn Teilabschnitte ist so berechnet, dass er bequem an einem Tag zu bewältigen ist. Am Ende eines Tages steht meist die Suche nach einem geeigneten Übernachtungsplatz. Alternativ können Sie das öffentliche Nahverkehrssystem aus Bussen und Schiffen nutzen und sich wieder an Ihren Ausgangspunkt zurückbringen lassen. Der im Handel erhältliche Wanderführer (Albano Marcarini: Wandern auf der historischen Strada Regina) ist aufwendig gestaltet und kann vor Ort in einigen Tourismusbüros sowie via Internet bezogen werden (Lyasis-Verlag, 14 €; www.lyasis.com; Restexemplare). Klicken Sie auf ‚Guide Multum in Parvo' und wählen Sie die deutsche Ausgabe. Es gibt den Guide - für einen etwas höheren Preis - auch beim Internethändler Amazon.

Der **Sentiero del Viandante**

Der Sentiero del Viandante ist das Pendant zur Strada Regina am Ostufer. Der alte Höhenweg zwischen Abbadia Lariana und Colico, den in früheren Zeiten Händler, Bauern und andere Gewerbetreibende als Nord-Süd-Verbindung nutzten, ist landschaftlich eine Augenweide. Der ausgeschilderte Wanderweg verläuft meist auf alten Stein- und Trampelpfaden, teilweise auch auf Straßen mit geringem Verkehrsaufkommen, ist angenehm zu gehen und für die ganze Familie geeignet. Jede Etappe dauert ca. drei bis vier Stunden (reine Gehzeit), unterwegs kommt man an den wichtigsten Sehenswürdigkeiten des Ostufers vorbei. Der im Handel erhältliche, reich bebilderte Wanderführer (Albano Marcarini: Wandern auf dem Sentiero del Viandante) ist vor Ort in einigen Tourismusbüros sowie beim Lyasis-Verlag übers Internet (12 €) erhältlich. Wählen Sie die Website www. lyasis.com und klicken Sie auf ‚Guide Multum in Parvo'. Wie sein Pendant zur Strada Regina ist auch dieser zu einem etwas höheren Preis bei Amazon bestellbar.

Alta Via Lariana (AVL)

Dieser Weg stellt hohe Ansprüche an Ausdauer und mentale Stärke des Wanderers. Vorsicht: Oft wird der AVL mit dem VML (Via die Monti Lariani) verwechselt oder in einem Zug genannt, was nicht korrekt ist! Die Tour führt über das Rifugio Menaggio zunächst auf den Pizzo Gino und dann weiter entlang dem italienisch-schweizerischen Grenzkamm zum Sasso Canale. Alles zusammen eine hübsche Sammlung von 2 000'ern! Ab Breglia durchgängige Beschilderung. Brauchbare Wanderpläne gibt es in den Tourismus-Büros der Region.

Impressum

Zwischenräume Verlag
Robert Hüther, Markbronner Weg 11, 89077 Ulm

5. Auflage 2022

ISBN 978-3-943663-33-4

Texte
Robert Hüther

Fotos und Abbildungen
Robert Hüther; eine Auflistung der Urheberrechtshinweise finden Sie unter www.zwischenräume-verlag.de.

Kartografie
www.alpenkarte.eu. Daten von OpenStreetMap - veröffentlicht unter ODbL; Leaflet | Map tiles © Schneider Geo, Map data © OpenStreetMap contributor; Kartendaten können unter derselben Lizenz verwendet werden.

Druck
dilling-printmedien, 57264 Olpe/Biggesee

Kontakt
info@zwischenraeume-verlag.de
www.zwischenraeume-verlag.de